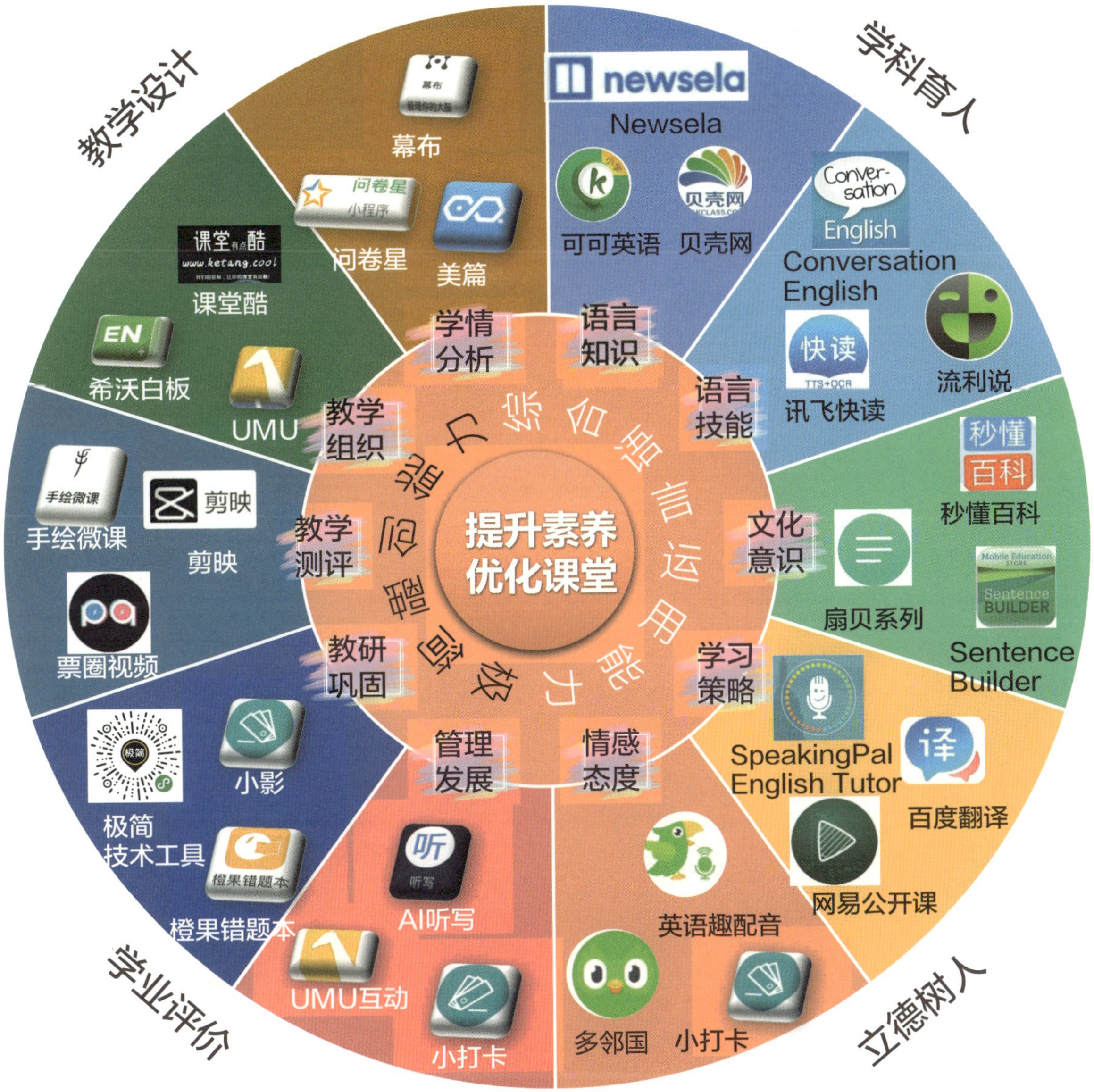

英语学科

极简技术轮1.0

◂ 极简教育技术丛书 ▸
黎加厚 / 丛书主编

极简教育技术与小学英语教学

何其钢 / 主编

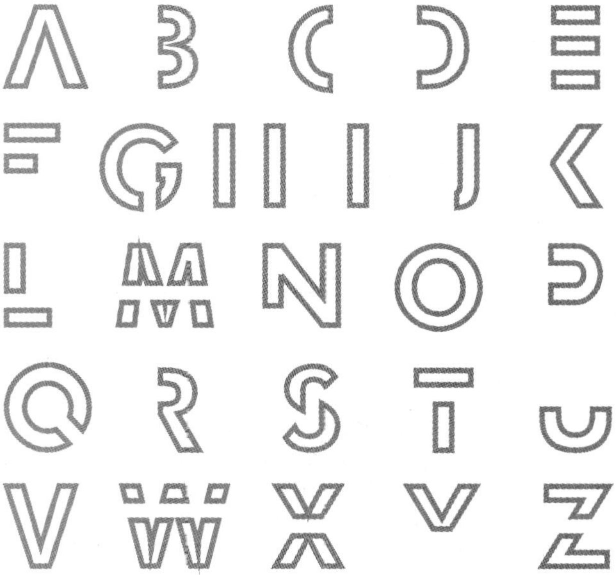

北京师范大学出版集团
BEIJING NORMAL UNIVERSITY PUBLISHING GROUP
北京师范大学出版社

图书在版编目(CIP)数据

极简教育技术与小学英语教学/何其钢主编．—北京：北京师范大学出版社，2023.6

ISBN 978-7-303-27899-2

Ⅰ．①极…　Ⅱ．①何…　Ⅲ．①英语课—教学研究—小学　Ⅳ．①G623.312

中国版本图书馆 CIP 数据核字(2022)第 083338 号

意见反馈　gaozhifk@bnupg.com　010-58805079
营销中心电话　010-58802755　010-58800035
北京师范大学出版社教师教育分社微信公众号　京师教师教育

JIJIAN JIAOYU JISHU YU XIAOXUE YINGYU JIAOXUE

出版发行：北京师范大学出版社　www.bnupg.com
北京市西城区新街口外大街 12-3 号
邮政编码：100088

印　刷：三河市兴达印务有限公司
经　销：全国新华书店
开　本：787 mm×1092 mm　1/16
印　张：14.25
字　数：270 千字
版　次：2023 年 6 月第 1 版
印　次：2023 年 6 月第 1 次印刷
定　价：59.00 元

策划编辑：冯谦益　责任编辑：冯　倩　王贺萌
美术编辑：焦　丽　装帧设计：尚世视觉
责任校对：陈　荟　责任印制：马　洁

本书编委会

主编： 何其钢

编委： 张良彩　熊慧琴　陈慧敏　廖米佳
晏敏亮　赵　文　徐　琰　王　燕
王　茜　刘玉雪　宋　啸　曹果婷

总　序

这套丛书为什么叫“现代极简教育技术”丛书？这缘于教育信息化四十多年发展的历史经验。

回首往事，一切烦琐的技术软件都随着岁月流逝飘去，大家离不开的教育技术是极简的技术，它操作简便、实用好用，能够迅速解决问题。

教育部强调要扎实推进国家教育数字化战略行动，提出“应用为王、服务至上、简洁高效、安全运行”的原则。现代极简教育技术就是把“应用—服务—简洁—安全”落实到每个教师和学生的教学活动中。

我想看看机器是如何认识极简教育技术的，就给 ChatGPT 发送提示词：面对飞速发展的人工智能时代，大家都关心如何运用新技术赋能教育发展，请你为“现代极简教育技术”丛书撰写序言。

ChatGPT 立刻回复：

在今天这个充满机遇和挑战的时代，教育不再是传统的、单一的知识传授，而是需要根据时代和学生需求不断调整教学策略和手段。人工智能时代的到来，不仅为教育带来了无限可能，也为教师和学生带来了前所未有的挑战。在这个时代，使用简单、实用、有效的极简技术为教育注入新的能量，让学生掌握更多的技能，成为每一位教师的责任。

“现代极简教育技术”丛书旨在为广大教师提供一种方便、实用、有效的教学工具，让他们能够在课堂中更好地应对人工智能时代的挑战，让学生获得更加丰富和深入的教育体验。本套丛书不仅关注现代教育技术的前沿和创新，而且注重极简技术的应用，帮助教师尽快掌握基本的教学工具和技能，更好地发挥自己的教学优势。

在编写本丛书的过程中，我们深切地感受到了人工智能时代教育领域的创新和变革，同时也深刻地认识到了教育技术应用面临的挑战和机遇。本丛书力求以简洁明了的语言和实用有效的案例，为教师提供全面、深入了解在小学语文、数学、英语教学中应用现代极简教育技术的视角和方法。

我们希望本套丛书能够成为教师的得力工具，帮助他们更好地应对未来的挑战，为学生提供更加优质的教育服务。同时，我们也希望教育领域的专家、学者能够共同努力，推动教育技术的创新和发展，为教育事业的进步贡献自己的力量。

看到屏幕上 ChatGPT 撰写的序言，我十分惊讶！今天，连机器都知道极简教育技术对教育发展的意义。

北京师范大学出版社组织“现代极简教育技术”丛书出版选题具有时代价值。出版社在多个有关教育技术在中小学教学中的应用的上报选题中，精心筛选出“现代极简教育技术”丛书，第一批共四本书：

1. 梁凯华主编《极简教育技术教师培训手册》
2. 窦继红编著《极简教育技术与小学语文教学》
3. 周雄俊主编《极简教育技术与小学数学教学》
4. 何其钢主编《极简教育技术与小学英语教学》

参加本丛书编写的作者都是长期工作在学科教学一线的优秀教师和近年来活跃在我国教育信息化领域的中青年学者，他们不仅努力学习和研究本专业领域的理论，而且积极参加各地中小学教师信息化教育培训工作，熟悉中小学教师在信息化教学中所遇到的问题和困难，并积累了丰富的信息化教学实践和改革经验。丛书的编写工作体现了作者团队对极简教育技术的思考和研究，体现了近年来在小学语文、数学、英语等学科教学领域和师资培训中应用极简教育技术的原创性、思想性、实用性、可操作性，体现了理论与实践相结合的中国式极简教育技术特色。

在具体的学科教学中，教师如何进行信息化教学设计，如何提高信息技术在教学中应用的有效性？数字化教育资源建设的方向和具体操作的策略是什么？教师如何针对不同教学问题和教学场景，恰当使用技术赋能减负增效？如何根据教师的实际需求组织信息技术能力提升培训活动？如何在学科教学中用好新技术，让师生有较高的获得感？这是当下教育数字化转型的时代背景下，每一所学校和每一位教师面临的现实问题。

本套丛书的编写将问题导向、基于学科教学的情境作为分类主线，便于读者学习掌握。丛书汇集了基于国家新课程标准的教学设计策略、极简教育技术支持的教学活动案例、实用技术软件的操作使用培训资料、教学资源及网址等。

从书强调实用性、易学性、针对性，力争做到所有介绍的新技术在教学中的应用必须是“一看就懂、能用好用”。丛书根据不同学科的具体特点，汇集了来自教学一线的学科教师给出的问题方案，包括新的教育理念、新的教学策略、可供读者拿来就用的教学软件和小程序、教学设计方法和案例、可用的教育资源等，让读者在丛书中找到自己所需的极简教育技术。

本套丛书的读者定位是广大中小学教师，强调理论联系实际，解决学科教学各个环节中遇到的具体问题，为提高信息化教学质量服务。

感谢参与本套丛书编写的所有人员对丛书编写工作的倾力投入和支持，感谢丛书作者所在单位的有关领导对丛书和作者的支持，感谢北京师范大学出版社对教育数字化发展战略的支持以及为丛书的出版所付出的辛勤劳动。

本套丛书可以作为中小学教师信息化教育的理论和技术参考书、教师继续教育培训教材、高等院校师范专业的公共教材、高校教育技术专业的研究生和本科生的参考用书。

由于教育数字化转型发展较快，特别是以 ChatGPT 为代表的生成式人工智能的飞速发展，教师智能化教学设计能力的提升将面临新的挑战和机遇。

在《极简教育技术教师培训手册》分册中，作者介绍了如何使用生成式人工智能促进教师专业发展的最新内容。目前全球亿万用户每天都在与生成式人工智能互动，而且，我们从事的教育数字化转型是人类教育发展史上从来没有遇到的新事物，一切都在探索和实践中，因此，本套丛书滞后于生成式人工智能的发展速度将是必然的。特此恳请读者批评指正，并欢迎大家与我们一起投入教育数字化发展的战略中，跟上时代的发展，在实践中不断学习。

黎加厚

写于上海师范大学科技园

2023 年 5 月 8 日

自 序

人人学极简，极简为人人
——优化课堂教学，提高教学效率

“初时看山是山，看水是水；再看，看山不是山，看水不是水；最后，看山还是山，看水还是水。”

从“山和水”本身来说，它们没有变化，那么变化的是什么？变化的是重新建构之后的“智慧”，“山水”被赋予了不一样的内容。回望我的教育教学之路，相信很多教师和我一样曾焦灼于“看山是山，看水是水”的至简，徘徊于寻觅“山外山，水外水”之间；或惊于气势磅礴的泰山之奇，或喜于繁华三千东流水。但在课堂摸爬滚打二十余载，跨过绵绵高山，越过无尽沧海，蓦然回首：不管怎么变化，我们的课堂都是以学生为主体，始终围绕培养时代、国家、社会、生活所需要的接班人而努力，我想这就是教育教学的“至简”之道。

处在当下信息技术飞速发展的时代，教育变革也持续进行着，新问题、新情况、新矛盾层出不穷，作为一名英语教师，我们该从何处“披沙拣金”，找到优化课堂教学，提高课堂效率的“至简”之道？这是我作为教研工作者一直反复思考并试图解决的问题，直到上海师范大学的黎加厚教授倡导师生在教学和生活中使用方便、快捷、易学、易用的极简教育技术，为这样的“至简”融合开辟了一条捷径。特别是在我参与的很多教师培训中，看到一线英语教师对于“一看就懂、一学就会，一用就灵”的“极简教育技术”的喜爱和追捧，更加坚定了我在极简教育技术和小学英语教学中的融合应用的思考与研究。

一、以“道”优教：极简创新教师发展，优化课堂教学

自黎加厚教授编著的《现代极简教育技术》发行出版后，极简教育技术更是备受广大教师的青睐。静心读完这本《现代极简教育技术》，就如同走进了一个包罗万象而又极富意蕴、让教师快速成长的能量世界。作为英语教师的我们，如果能巧妙地借用此能量世界为我们的英语教学赋能，正是我们要思考和实践的“以道优教”，也只有在这样的思考实践中，我们才能逐渐成长，领悟教学之道。

(一)融合新课标，助推教师学科专业成长之“道”

我们提倡“以道优教”，那么道从何而来？“大道”就在课程标准(课标)中，课标是基础教育课程的灵魂，教师的教学应在课标的指导下进行。理解并将新课标烂熟于心，这是一名合格英语教师的必经之道，任何人都不可省略或忽视。因此在本书的编排中，我们所有技术与教学的融合案例都是在英语新课标的指导下进行创新应用实践的。通过英语教学的融合案例，教师也懂得在课标指导下融合极简教育技术来创设真实的交际情境，产出最真实的交际效果；在课标指导下，案例中的教师更多地去思考设计，巧妙地应用技术来对学生进行思维的拓展，让语言教学不止停留在知识层面，而是深入到“思维层面”。基于课标的基础上，思考技术与教学的融合之道，并进行实践与研究，让教师在实践中学会自我反思、自我提升，从而助力教师的专业成长。

(二)融合极简技术，助推教师信息素养提升之“道”

信息技术与教育教学的深度融合是我国实现教育现代化的目标与部署。本书在向大家介绍全媒体时代可应用于教育教学的各种极简之术，并通过案例分析，和教师一起探索基于极简教育技术的移动微课在小学英语教学中的常态化应用，从而逐步落实英语学科教学对学生语言实践运用能力培养的重大目标。这就是我们在小学英语教学中追求的“至简”之道。我们也希望教师能在漫漫求索中，将所习得的技术服务于自己的教学，使教师信息素养得以提升，使教师学会用极简之术、至简之道，优化课堂教学，提高教学效率。

(三)融合智能技术，助推教师全面素养发展之“道”

习近平指出，人工智能是引领新一轮科技革命和产业变革的重要驱动力。以大数据、人工智能为代表的新兴信息技术为英语课堂带来了新的思考和方向，海量资源、沉浸式教学环境都能在指尖轻松获取。以智能技术为牵引，巧用以人工智能为基础的极简教育技术，实现跨越式发展的英语教学，是加快教师角色转

型，全面提升教师素质的捷径。

二、以"术"优教：极简整合课程资源，优化课堂教学 >>>>>>>>

在英语教学中，教学内容的选择，教学活动的设计，都要保证有驱动性、卷入性、参与性的真实交际发生。这也是我在多年的课堂教学中常常为之冥思苦想的问题。极简教育技术的出现，使得教师充分引入信息时代更多的优质资源，并将这些资源与教学相整合，与学生的学习过程相整合。这是一种智慧的优化课堂教学的方式，能让课堂效率大大提升，也是我一直潜心研究，并不断实践的"至简"之道。

三、以"技"优教：极简融创教与学，优化课堂教学 >>>>>>>>

听、说、读、写是学习外语必备的技能。全媒体时代，学生的认知水平、学习能力和学习方式都不如以往那样简单，如何在长期的英语语言学习中全方位培养学生的这些技能，是当下英语课堂教学中英语教师面临的最大挑战。"信息技术应用能力提升工程 2.0"就将信息技术能力点细分为 30 个微能力技能，其中信息技术支持下的导入、讲授、设计等技能为英语教学提供了指导和建议。在本书的案例分析中，教师在课标指导下，结合 30 个微能力的考核标准，进行了大量实践，为英语教师提供了英语融创课堂的样本和范例，以供大家学习与参考。

四、以"评"优教：极简评价课堂，优化课堂教学 >>>>>>>>

2020 年 10 月，中共中央国务院印发的《深化新时代教育评价改革总体方案》明确指出："坚持科学有效，改进结果评价，强化过程评价，探索增值评价，健全综合评价。"针对传统英语教学评价中评价主体面较窄、评价考核内容不全面、评价形式单一、评价流程纷繁复杂的弊端，秉承"极简理念"，我们将极简教育技术与教学评价深度融合，立足学生，创新课堂评价，让其向多元、多样、多维、开放的纵深方向发展，从而优化英语课堂教学。

老子云："有道无术，术尚可求也。有术无道，止于术。"

人人学极简，极简为人人，术也，道也。极简教育技术是人人尚可求之术，只要动动脑，动动手，人人皆可得。可是如果术的学习过程只是满足于"招式"，热衷于"花拳绣腿"，不能将术应用于教学，便是有道无术。我们学习极简之术，不是为了炫技，而是能融极简之术，用极简之道，构建“全员新课堂”：一个接地气、有趣、真实的教育教学情境的“全息英语课堂”；一个让学习从“笔尖”延伸到“指尖”，让知识从传授到内化，线上线下融合发展的“全程英语新课堂”；一个可以进行知识建构、技能发展、事业拓展、个性展现的学习新模式；一个推动立德树人的教育目标全面落实的“全效英语新课堂”。这就是全媒体时代，是义务教育阶段让每一个学生核心素养落地、促其终身发展的“四全英语课堂”。

何其钢

2023 年 1 月

目　录
CONTENTS

第一章 极简教育技术与小学英语教学的融合及新趋势

2021年7月，中共中央、国务院印发《关于进一步减轻学生作业负担和课外培训负担的意见》(简称《意见》)，对学校教育教学工作提出了更高的要求，2022年4月义务教育课程方案及课程标准的颁布，更加大了向“四十分钟要质量”的力度。归根结底，不管是《意见》还是新课标其实就是归“一”，归于一个高效课堂再清零，清掉所有无关、无效烦琐的事情；再围绕一个高效课堂做加法，以“技”促教，以“技”优教，做足了加法再做减法，最后归零，形成有效的教育教学之道，提高教学质量。“双减”背景下，作为英语教师的我们应该思考如何借助信息技术做好加法，提高课堂教学效率，从而真正减轻学生的作业负担，将《意见》落到实处。

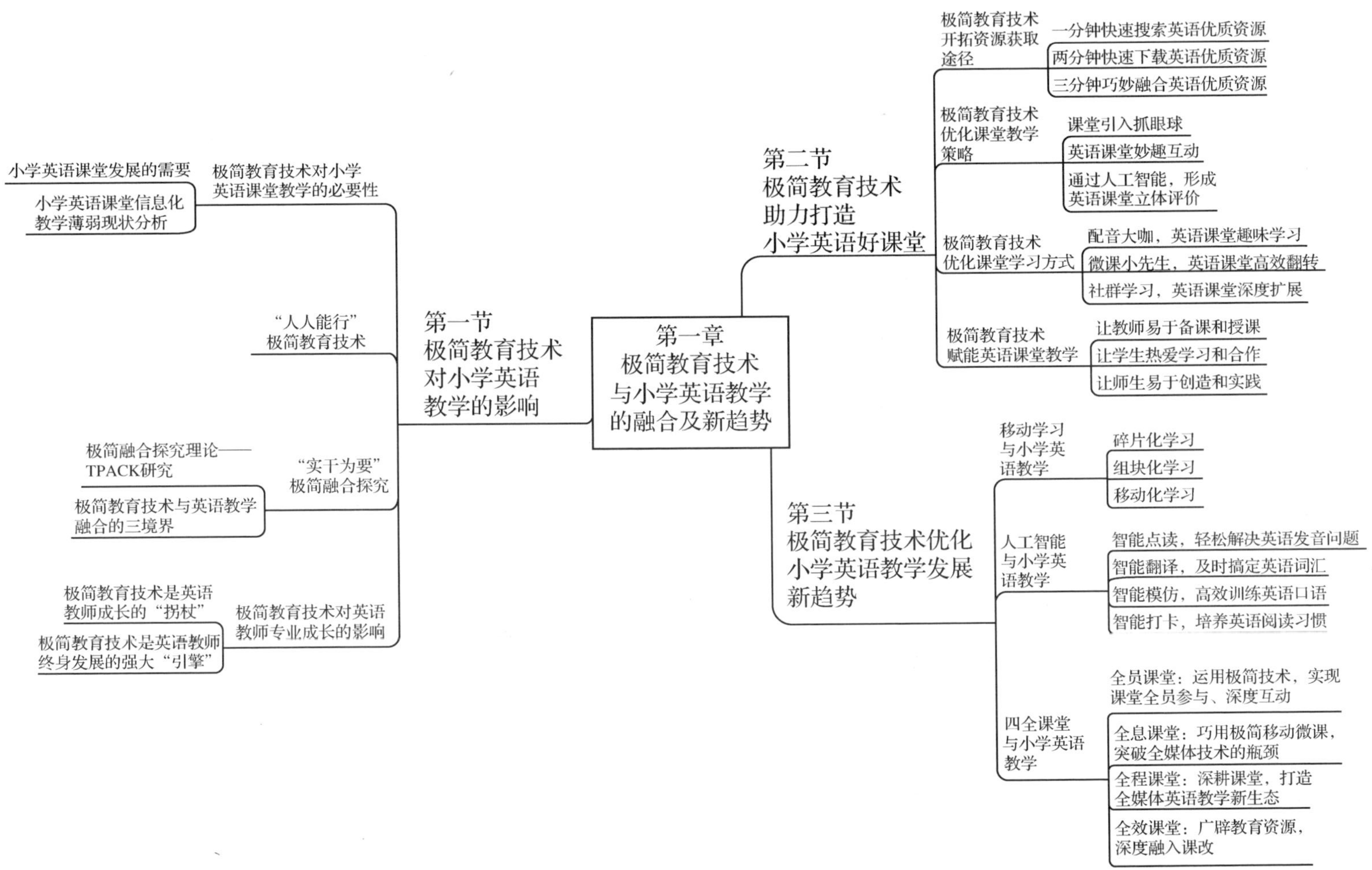
第一章
极简教育技术
与小学英语教学
的融合及新趋势
第一节
极简教育技术
对小学英语
教学的影响
极简教育技术对小学
英语课堂教学的必要性
小学英语课堂发展的需要
小学英语课堂信息化
教学薄弱现状分析
“人人能行”
极简教育技术
“实干为要”
极简融合探究
极简融合探究理论——
TPACK研究
极简教育技术与英语教学
融合的三境界
极简教育技术对英语
教师专业成长的影响
极简教育技术是英语
教师成长的“拐杖”
极简教育技术是英语教师
终身发展的强大“引擎”
第二节
极简教育技术
助力打造
小学英语好课堂
极简教育技术
开拓资源获取
途径
一分钟快速搜索英语优质资源
两分钟快速下载英语优质资源
三分钟巧妙融合英语优质资源
极简教育技术
优化课堂教学
策略
课堂引入抓眼球
英语课堂妙趣互动
通过人工智能，形成
英语课堂立体评价
极简教育技术
优化课堂学习方式
配音大咖，英语课堂趣味学习
微课小先生，英语课堂高效翻转
社群学习，英语课堂深度扩展
极简教育技术
赋能英语课堂教学
让教师易于备课和授课
让学生热爱学习和合作
让师生易于创造和实践
第三节
极简教育技术优化
小学英语教学发展
新趋势
移动学习
与小学英
语教学
碎片化学习
组块化学习
移动化学习
人工智能
与小学英
语教学
智能点读，轻松解决英语发音问题
智能翻译，及时搞定英语词汇
智能模仿，高效训练英语口语
智能打卡，培养英语阅读习惯
四全课堂
与小学英语
教学
全员课堂：运用极简技术，实现
课堂全员参与、深度互动
全息课堂：巧用极简移动微课，
突破全媒体技术的瓶颈
全程课堂：深耕课堂，打造
全媒体英语教学新生态
全效课堂：广辟教育资源，
深度融入课改

第一节

极简教育技术对小学英语教学的影响

“双减”之下，何处寻觅有效的教育教学之道，提高课堂教育效率，提高教学质量？

《国家中长期教育改革和发展规划纲要(2010—2020 年)》明确指出：“信息技术对教育发展具有革命性影响，必须予以高度重视。”2012 年 3 月教育部颁发《教育信息化十年发展规划(2011—2020 年)》，提出了育人为本，应用驱动，分类推进，深度融合的工作方针，同时也提出了人人可享有优质教育资源的信息化学习环境的发展目标；2018 年颁布了《教育信息化 2.0 行动计划》，足以显示“十三五”期间实施教育信息化的重大意义。2019 年 2 月，中共中央、国务院印发了《中国教育现代化 2035》，文件要求各地全面落实并完成十大战略任务，其中战略任务第八个任务要求：“利用现代技术加快推动人才培养模式改革，实现规模化教育与个性化培养的有机结合”。

足见，国家大力支持提升教师的信息技术应用能力。对学校来说，将信息技术与学科教学深度融合，优化课堂教学，正是有效减轻义务教育阶段学生过重作业负担和课外培训负担(简称“双减”)，技与术合二为一，助力提升学校教育教学质量的有效路径。

作为新时代的中小学教师，只有提高教师自身的信息化应用与创新能力，才能适应大数据时代课堂教学改革与创新的新形势、新要求。特别是“中小学校信息技术应用能力提升工程 2.0 微能力认证”在全国悄然开展，教师信息素养的提升更是迫在眉睫。极简教育技术因其易学、易用、易推广的特点，使教师能够迅速掌握实用的极简教育技术，并应用于课堂教学。这对加速提升一线教师的信息化教学能力，尤其是为“双减”之下的课堂教学赋能，从而促进学生的全面发展具有不可替代的重要意义。

一、极简教育技术对小学英语课堂教学的必要性

（一）小学英语课堂发展的需要

1. 好课堂的要求

自1862年清政府开设京师同文馆，实施“班级授课制”以来，课堂变革始终是我国学校教育教学改革的重点和难点。那么在日常教学中，该如何加快学校课堂改革的进程呢？

关于好课，教育家叶澜曾指出：一堂好课没有绝对的标准，但是有一些基本的要求。他把这些基本的要求概括为“有意义、有效率、生成性、常态性、有待完善”。李镇西老师曾说，所谓“好课堂”，就是“有趣”加“有效”。有趣，是手段；就是能够吸引学生，让学生在课堂上兴趣盎然，觉得时间过得很快，下课后盼着第二堂课快点到来。有效，是目的；教师不仅完成了教学任务，且学生在知识层面、能力层面、情感层面及思想层面皆有所获。华南师范大学焦建利认为一堂课至少具有如下特征——有趣的、互动和参与式的、有效的、高效的、生成性的。

诚然，好课没有绝对的标准，但却是“有法可循，有道可依”。教学之法，教学之道在何处？孔子曰：“知之者不如好之者，好之者不如乐之者。”由“知之”到“好之”再到“乐之”，是谓教学之道也。然，道亦有道，道之基点在于兴趣，一个在课堂上全身心投入的学生所掌握的知识和技能远胜于一个心不在焉的学生，我们应致力于打造“以趣促效”的常态好课堂。

2. 信息时代下的小学英语好课堂

英语既是一门记忆与实践紧密结合的语言学科，又是一门包罗万象、涉猎广泛的知识学科。信息技术背景下的英语课堂教学，与传统英语课堂教学相比，在本质上究竟有什么不同？接下来，我们来测测大家在信息时代下的小学英语课堂教学的状况怎么样？请扫描二维码进行自测。

趣味互动二维码

如果你的分数在40～45分，恭喜你做到了用智慧进行教学，教学效果不言而喻；

如果你的分数在30～40分，恭喜你懂得借力使力，自然能成功到达；

如果你的分数在 30 分以下，那你应该思考如何“善假于物”，借助信息技术助力英语教学。

那么，数字时代的信息技术会给英语课堂教学带来哪些改变呢?

一是用“技术激趣”点燃英语课堂。我国教育家顾泠沅认为：在开展课堂教学活动的过程中，对教师来说最有意义的教学方法就是让教学的内容符合学生的兴趣倾向，学生有了兴趣，才会产生强烈的求知欲，并主动学习。那怎样用技术激趣呢？一个令人昏昏欲睡的下午，一位英语老师走进课堂，拿起智能手机，与教室的白板进行连接。教师让全体学生闭上眼睛，仔细聆听，并让同学们记下听到的动物的英文。这时候，学生听到各种动物的声音，大家兴奋得大声叫出动物的英文名，课堂导入效果明显。这就是技术与教学相融的好课堂。

二是用“技术激情”感染英语课堂。充满“激情”的课堂，可以营造轻松、活泼的课堂活动氛围，引领学生真正走入教学情境，将自己置身于当时的语言环境中感悟语言知识的魅力，有效开发学生思维。但是，在日常的教学中，繁杂的工作、琐碎的事情，让我们总是没有激情或是想不出办法来激发课堂兴趣。此时教师不妨试一试借助极简教育技术，如播放动画，做个小游戏，放一首音乐等让课堂变得富有“激情”，让学生在愉悦的教学情境中掌握知识、获得技能。这怎能不算是有趣而有效的小学英语好课堂呢?

扫描下方二维码查看《“活照片”操作教程》微课操作。

三是用“巧技展示”凸显学生地位。英语需要多说多练，课堂就是一个舞台，俗话说“给孩子一个舞台，孩子还你十分精彩”，在教学过程中，教师巧用极简教育技术就能给学生搭建各种各样展示自己的舞台，从而调动学生的参与积极性，这就是技术支持下的小学英语好课堂。

(二)小学英语课堂信息化教学薄弱现状分析

随着“宽带网络校校通、优质资源班班通、网络学习空间人人通”(简称“三通两平台”)的建设，大多数学校都安装了多媒体设施与设备，但是由于受到传统教学模式的影响，许多英语教师，尤其是年长的教师，他们不经常使用多媒体教学，认为这是一项投入多(时间、人力、经费)、产出少(教学效果)的工作。多媒体设备更多成为教室的一种摆设，或是公开课、教研课的“门面”装点，没有发挥它在英语教学中的作用，这就导致学校的教育投入与英语教师落后观念的矛盾很突出。

经过分析我们发现，英语教师不经常使用信息技术的原因主要有三：一是学校的多媒体设备很专业，学习起来困难重重，而且有些设备只有学校的多媒体专用教室才有，无法常态化使用；二是观念问题，有的英语教师习惯使用传统教学方式，满足于简单的 PPT 教学，没有充分认识技术助力教学的作用，尤其在面对大量的互联网英语教学资源时，他们常常感到不知从何下手；三是对信息素养的重要性认识不够。许多教师只重视对学生英语知识的教授与听、说、读、写等技能训练，忽视了对学生综合素质的培养，尤其是对学生信息素养的培养。

教师是课堂教学的主导者，有效的信息化教学能帮助教师提高课堂教学效率。只要我们在新课标的指导下认真解读，根据教学主题判断资源的适用性，充分使用零门槛、易学、易用的极简教育技术，并结合自己的教学内容多思考比对，就能在资源的筛选、获取中懂得如何去伪存真、去粗取精，从而让学生享受丰盛的小学英语课堂信息化教学的美味盛宴。

二、“人人能行”极简教育技术

何谓“极简教育技术”呢？上海师范大学黎加厚教授最早提出“极简教育技术”概念，并倡导师生在学校教学工作中使用方便、实用、易学、易用，能够有效提高工作、学习效率的教育技术。极简教育技术坚持“以人为本”的核心理念，关注人的发展和需求，舍弃那些“很专业”但有困难的技术，提倡使用“能学会、用得上、用得好、容易用”的技术助力自己的教学工作，从而提升工作效率。简言之，极简教育技术是“技术小白”都能学会的技术，是老少咸宜的“好玩魔方”。比如，在英语教学活动(英语演讲比赛、朗诵大赛等)后，如何快速地、批量地制作电子奖状，请看“极简小妙招”。

扫描下方二维码查看《“批量制作奖状”操作教程》微课操作。

三、“实干为要”极简融合探究

随着移动互联网的发展，移动学习方兴未艾，各种可用于教育教学的 App、小程序和微信公众号层出不穷。只要教师掌握计算机、智能手机、平板电脑的基本操作方法，再稍加培训就能按自己的意愿轻松制作课件和微课资源。一线教师可取之来优化课堂教学方式，助力提高课堂教学效率，给教师工作减负，给学生学习减负。特别是“双减”落地，“5＋2”课后服务开设以后，这便是一线教师的“掌中宝”。对于一位小学英语教师来说，想要在各类极简技术中剥茧抽丝，让极简技术成为英语教学的“拐杖”，真正实现高效教学，就得抓住“实干为要”的核心，将技术紧密结合自己的教学目标，找到极简技术和小学英语学科教学的融合之道。

(一)极简融合探究理论——TPACK研究

TPACK(Technological Pedagogical Content Knowledge)，即整合技术的学科教学知识，是美国学者米什拉与科勒对舒尔曼PCK理论的扩充。从2005年开始，国内外学者对TPACK展开了大量的理论和实践研究，通过研究，大家一致认为对于TPACK的研究将有利于提高教师掌握和运用信息技术的能力。教师的TPACK能力是未来教师必备的能力。图1-1-1为TPACK理论图。

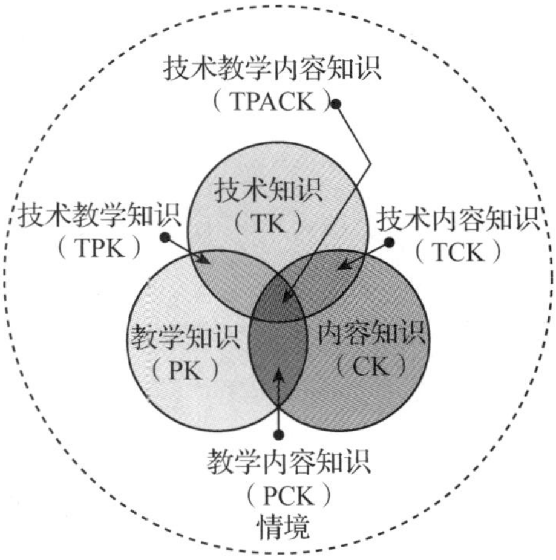

图1-1-1 TPACK理论图

具体到英语学科研究而言，整合技术的英语学科教学知识框架包含三个核心要素：技术知识(TK)、教学知识(PK)和内容知识(CK)；包括四个复合要素，即教学内容知识(PCK)、技术教学知识(TPK)、技术内容知识(TCK)和技术教学内容知识(TPACK)。表1-1-1为TPACK各元素与各元素分析表。

表1-1-1 TPACK各元素与各元素分析

TPACK各元素	各元素分析
技术知识(TK)	“极简教育技术”(包括在传统技术和信息技术工具基础上进行的精心筛选)的使用方法知识。
教学知识(PK)	英语教学过程中所使用的教学方法、模式、策略等知识。

续表

TPACK 各元素	各元素分析
内容知识(CK)	英语学科的本体性知识(包括学生语言技能、语言知识、情感态度、学习策略和文化意识等)。
教学内容知识(PCK)	针对英语学科特定内容，选择恰当的教学方法、模式、策略的知识。
技术内容知识(TCK)	利用极简教育技术，采取多样化的形式呈现和扩充英语学科内容的知识。
技术教学知识(TPK)	运用极简教育技术优化教学环境、整合教学资源、提高教学效率和辅助教学反馈的知识。
技术教学内容知识(TPACK)	实现技术、教学法与英语学科本体知识在教学过程中的深度融合的知识。

(二)极简教育技术与英语教学融合的三境界

基于 TPACK 的研究理论，将极简教育技术与小学英语教学的融合是我们每一位英语教师课堂信息化教学应该追求的目标和境界。恰如王国维在《人间词话》中提出的人生三境界那样，我们也可以将极简教育技术与小学英语教学的融合分为三种状态或境界：第一种境界是“融合”，第二种境界是“深度融合”，第三种是“融合的最高境界”。

何为极简教育技术与小学英语教学相融合的三大境界呢？接下来请各位玩“连连看”游戏，请大家连线，选出你所理解的“融合”。

A. 只要使用信息技术，就是　　　　　　深度融合

B. 恰到好处地使用信息技术，就是　　　融合

C. 常态地使用信息技术，就是　　　　　融合的最高境界

极简融合的第一境界：“昨夜西风凋碧树，独上高楼，望尽天涯路”被王国维先生称为人生第一境界。由于很多英语教师不擅长使用信息技术，以致教师在通过技术来提高课堂教学效率上如入“昨夜西风凋碧树”之境，感到无限迷茫。

可是只要教师愿意登上高楼，便可望见技术与教学融合的“天涯路”——极简教育技术。因此，我们的英语教师要做的第一步便是下决心改变自己，从自身开始学习极简教育技术，尝试信息技术与英语教学的融合：Well begun is half done (好的开头是成功的一半)！只有具备了这个条件才会进入极简融合的第二、第三境界。

极简融合的第二境界：“衣带渐宽终不悔，为伊消得人憔悴”被王国维先生称为人生第二境界。只要确定了奋斗目标，我们就要为之不断地努力，不断地奋斗。

“深度融合”指的是巧妙地将极简教育技术应用到小学英语教学中，助力英语

课堂教学。如教师常使用的软件 PowerPoint 是制作英语课件的好帮手，配合智能手机端的 WPS Office，就能方便快捷地制作课件或微课，从而整合出文字、声音、图像、视频、动画等多种媒介并行的英语课程资源；再比如“希沃白板 5”是可用于英语教学的交互白板，它配合手机端的“希沃授课助手”App，适用于同屏展示、口语听力训练等教学场景，希沃白板的界面简单、直观好用、容易学习，这样的交互就是帮助学生进行英语口语、听力的“深度学习”。

极简融合的第三境界：觅得极简技术这条“天涯路”，内心笃定“衣带渐宽终不悔”，那便进入了“蓦然回首，那人却在灯火阑珊处”的第三境界。到了第三境界，在英语课堂教学中，从教学设计到教学应用与评价的完整闭环中，你都能做到“不露声色”地在每个教学环节融合应用技术，而不让师生产生任何“违和感”，并有好的课堂教学效果。比如，请你用最快的方式通知学生下周一戴红领巾参加升旗仪式，你会条件反射地马上在家长微信群、QQ 群或钉钉群进行布置，或者有的教师会通过短信群发等方式进行安排。因为平时你常态化在使用这个技术，这样的技术已经完全和你的教育教学相融。这正是我们每个教师都想达到的极简教育技术与英语学科教学深度融合的最高境界，将极简教育技术经常性、惯用性地应用到小学英语教学中，服务于英语学科的课堂教学，从而提升教学质量。

四、极简教育技术对英语教师专业成长的影响

(一)极简教育技术是英语教师成长的“拐杖”

《义务教育英语课程标准(2022 年版)》课程实施中关于深入开展语篇研读的教学建议指出：对口语语篇的研读不仅要关注其呈现形式，还要关注其语境的正式程度、语言表达方式及功能等。即教师应随着社会的发展不断更新自己的语言知识，且要根据不同语境转换自己的语言表达方式，提高交际能力，并以此开展语篇研读，优化教学设计。

作为教师，我们如何才能在不同的语境中提高自己的语篇研读能力呢？先来做一个自我小测试，你是否经常有以下经历呢？

A. 点开某英语学习公众号或新闻类 App，听一段英语新闻，了解其文化背景知识，模仿跟读语音。

B. 加入公众号或 App 运营者组建的“晨读打卡群”，群内设有专人纠音，并组织学员进行各类打卡，还会要求发朋友圈。

C. 通过在线直播平台，邀请外国朋友进行在线交流与互动。

D. 通过自己创建的公众号或美篇等平台，发布自己的朗诵、演讲片段，邀请朋友进行点评与互动。

日常生活中不能或很难实现的“真实语境”，通过技术的融合，使学英语的情境更加真实。2018年1月20日《中共中央　国务院关于全面深化新时代教师队伍建设改革的意见》指出关于教师发展的2035年远景目标要求：教师主动适应信息化、人工智能等新技术变革，积极有效开展教育教学。2021年9月教育部下发的《教育部关于实施第二批人工智能助推教师队伍建设行动试点工作的通知》指出：推动教师应用智能助手，创新教师培养模式，开展教师智能研修，提升教师智能教育素养，建设与应用教师大数据，智能引领乡村学校与薄弱学校教师发展等。

(二)极简教育技术是英语教师终生发展的强大“引擎”

一是极简教育技术可以促进教师的“行动研究”，实现“知行合一”。

教师的教书生涯和教学周期往往是漫长的，如果只是机械重复，从某种程度来说，这个教师的教学生命力已经结束了。因为对于教师来说，细微的知识总在不断更新，更有新知识被不断探索和发现。教师必须保有“深度反思”的习惯，开动脑筋，进行大量的实践探究，并不断总结经验教训，挖掘和探索理论源头。

想要饮用甘甜的泉水，那就努力掘一口通向地心的井。英语教师可以借助极简教育技术做好资源的整合、更新和重构，通过极简的方式提高课堂教学效率。比如，用UMU互动App整合各类零散的微课，形成可以随时更新的微课程资源；用简书App或美篇App持续记录自己的教学实践过程和教学反思，摸索出一套适合自己的，利于学生成长与发展的英语教学模式。对于课堂教学过程中因技术故障引发的意外状况，或者对于在信息化环境中开展学习活动时发生的意外状况，教师均能灵活应对与处理，从而确保学生顺利学习，达到“知行合一”。

二是极简教育技术促进教师的“自我提升”，实现终身学习。

教师是一个充满挑战的职业，教授学生知识只是对教师的基本要求，最高的境界应该是育人。借助极简教育技术，教师可以互相激励，不断提升自我，跟上信息时代的步伐。比如，加入相关的微课打卡读书群，进行教学系统书籍的研读；加入华南师范大学焦建利教授发起的“技术派教师”微信圈聊；加入何其钢老师发起的极简技术支持下的微能力认证UMU学习圈学习。信息时代的英语好教师借助极简教育技术，坚持持续的圈层学习，在沟通和交流中，结伴践行“终身学习”的理念，就像新疆那广袤的土地上立起的巨型风扇一般，静默地发电，散发无限光芒！

第二节

极简教育技术助力打造小学英语好课堂

作为英语教师，创造性地将极简教育技术应用于小学英语教学中，不但可以使英语课堂的教学氛围更轻松，而且能提高学生的参与积极性，帮助每一个学生突破自我、开启智慧之门，发展综合应用英语能力。

一、极简教育技术开拓资源获取途径

数字教育资源的媒体呈现形式多样，且网络数字资源数量庞大、种类丰富、来源复杂。《中小学教师信息技术应用能力校本应用考核规范》中 A2 数字教育资源获取与评价的微能力这样描述：

多媒体教学环境下教师掌握数字教育资源的获取与评价方法，从而：

1. 熟练运用信息检索方法。
2. 丰富教育教学资源的媒体形式。
3. 根据教学主题判断资源的适用性。
4. 保证数字教育资源的科学性和时效性。

(一)一分钟快速搜索英语优质资源

根据以上微能力描述的要求，教师只要学会使用极简搜索术，搜索和筛选便能做到省时高效，如常见的百度搜索、搜狗搜索等；微信里的文章、小程序、音乐、公众号搜索；知网、个人图书馆等学术文章搜索。只需一分钟，就能通过个性化搜索教学资源服务于课堂教学。

(二)两分钟快速下载英语优质资源

学会极简技术，一分钟就能熟练进行信息检索，熟练使用极简技术，两分钟就能下载检索到的信息资源，为课堂教学赋能。如英语教师可用“快照法”下载、“3V 法”下载、“冰点法”下载、搜狗“File type”指令下载法等(后面的章节会具体介绍每一种下载方法)获取文档和 PPT 等资源；在懒人图库、全景等优质图片网站下载高清或 PNG 图片资源；可以用音乐搜索器下载英语音频资源；可借助下载视频的链接网址下载视频资源；可利用“公号素材助手 2”(微信小程序)一键下载需要的图片、音频、视频资源。用极简的途径就可在互联网世界获取有效、可用的教学资源，用于课堂教学设计和教学、教研的深度思考。

扫描下方二维码查看《“两步快速获取 PPT 中的图片”操作教程》微课操作。

(三)三分钟巧妙融合英语优质资源

学生是发展的，课堂是灵动的，如何创建可用于日常教学的微课或微视频资源，保证数字教育资源的科学性和时效性，这就难住了很多英语教师。其实，我们同样可以用极简教育技术，根据学生的认知需求、教学主题的相关内容，将各种资源进行整合，让课堂更真实，促成师生教学相长的和谐局面。如用小年糕(微信小程序)、微软听听文档(微信小程序)、美篇(App 或小程序)，票圈视频 App 等极简技术将文字、图片、声音等根据需要进行有规律地整合与重构就可形成图文微课或音视频微课。三分钟即可实现这样的极简融合，达到“A2 数字教育资源获取与评价”的微能力认证，你要试试吗？请体验“小年糕＋”微信小程序的极简操作吧。

扫描下方二维码查看《“小年糕”操作教程》微课操作。

二、极简教育技术优化课堂教学策略

(一)课堂引入抓眼球

好的英语课堂导入，往往能成功吸引学生的注意力，可这又是极具挑战的问题，尤其是创新课堂的导入让很多教师抓耳挠腮。《中小学教师信息技术应用能力校本应用考核规范》中 A5 技术支持的课堂导入的微能力描述：教师合理利用信息技术手段设计并实施课堂教学的导入环节，从而：

1. 引起学生兴趣，激发学生学习动机。

2. 让学生感到切身相关，认同学习目标。

3. 建立所学内容与学生已有知识间的关联。

4. 帮助建立学习信心、获得学习成就感。

5. 奠定良好的课堂学习基调。

根据以上微能力认证的描述，借助极简技术支持优化课堂导入的方式，便能让学生成为课堂的主人，聚精会神投入课堂教学中。如可以用“UMU 互动”的问卷功能、问卷星、课堂有点酷等极简技术实现学情分析导入。教师可在课前让学生播放和讲解自己利用极简技术制作的微课，从而拉近师生、生生之间的距离。教师也可用极简微信小程序“字云”设计猜词或猜句游戏，让学生在好奇中走进课堂。如此便能做到善用技术吸睛，提高课堂教学效率。看到以上极简技术的应用，你心动了吗？来体验“字云”小程序的极简操作吧。

扫描下方二维码查看《“字云”操作教程》微课操作。

(二)英语课堂妙趣互动

一堂真正的好课需要教师创设有吸引力的教学活动来调动学生参与课堂学习。教师利用信息技术能够拓展学生解决问题的思考维度和视野，帮助学生尝试用多种形式进行表达与交流。《中小学教师信息技术应用能力校本应用考核规范》中 C4 支持学生创造性学习与表达的微能力描述：采取合适的信息技术支持学生创造性学习、表达与交流展示，从而：

1. 鼓励和引导学生的主体观察和体验，表达内心的真实感受。

2. 用多种方式捕捉生活的精彩瞬间。

3. 优化成果的表现方式。

4. 帮助学生以多种形式外化自己的思考。

5. 创造多样化的学生表达与分享的机会。

根据以上微能力认证的描述，在课堂教学中融合应用极简教育技术，让学生在交互体验中进行有趣的互动，促进高效学习。如教师可以借助希沃白板 App 设置各类创意课堂游戏，让学生在游戏竞争中学习；使用希沃授课助手的同屏功能，呈现学生的课堂作品，让学生开展基于课堂作品的交流活动；用班级优化大师 App 的点名功能进行随机点名，促进课堂的有效互动。

(三)通过人工智能，形成英语课堂立体评价

对学生进行真诚的鼓励和精准的评价，才会让学生因爱上你而爱上你的课堂。实际上，教师在教学中的评价往往带有主观色彩，但当教师的主观评价趋于形式，千篇一律，则无法唤醒人的学习潜能，那就岌岌可危了。《中小学教师信息技术应用能力校本应用考核规范》中 A12 评价数据的伴随性采集的微能力描述：利用技术工具实时、全面采集学生学习过程信息，从而：

1. 从多种渠道收集学生学习行为，全面反映学习过程。
2. 能够实时、有序记录学习过程和学习成果。
3. 优化数据采集过程，丰富数据类型。
4. 有助于及时发现学习问题，实施针对性干预。
5. 为学生综合素质评价提供丰富的数据支持。

根据以上微能力认证的描述，借助极简教育技术，给予学生有据可依的评价，学生的反应将会很不一样。如英语教师可在教学中常态化使用班级优化大师 App。学生的每一次问答，每一次上台表演，甚至课堂表现，英语教师都可用班级优化大师对学生的表现进行实时加减分，并给予学生有针对性的表扬或批评。而且，家长可以通过智能手机同步知晓学生在校的各种表现。与此同时，月末或学期末，教师还可以借助班级优化大师的大数据，自动生成所有学生的精彩评语。这些评语都是基于学生整个学期表现的客观评价，通过班级优化大师的人工智能和大数据，得出个性化的评语。更好玩的是，班级优化大师还能为每一个学生生成电子奖状，然后推送给家长，如此这样，家校才能形成合力，共育新苗。

扫描下方二维码查看《“班级优化大师”操作教程》微课操作。

三、极简教育技术优化课堂学习方式

(一)配音大咖，英语课堂趣味学习

语言是人类最重要的交际工具，义务教育阶段的英语课程具有工具性和人文性的双重性质。就工具性的学生基本英语素养而言，学生要通过英语课程的学习，掌握基本的英语语言知识，发展听、说、读、写技能，初步学会用英语与他人交流，以适应未来社会发展的需要。教师在教学过程中必须注重训练学生的口

语表达能力，让其流利地使用英语表达自己的看法。《中小学教师信息技术应用能力校本应用考核规范》中 C2 创造真实学习情境的微能力描述：利用技术创造真实学习情境，从而：

1. 将学习内容与现实环境进行有意义的关联和互动，促进知识的深层次理解。

2. 突破时空限制，整合多种资源，丰富学生学习体验，促进意义建构。

3. 为学生经历和完成复杂的、挑战性的任务提供情境。

4. 增强学生学习动机和学习投入，促进学生自我导向的学习。

5. 扩大学习交流范围和交流对象，帮助学生发展社会基本技能。

根据以上微能力认证的描述，极简信息技术就是让学生真心爱学习，乐于在英语课堂开口表达。借助各类极简技术，我们就可以轻松做到寓教于乐，让学生感受语言学习的快乐。如教师可以在课前或课中让学生用英语趣配音 App 进行配音游戏；让学生用英语流利说 App 进行跟读，体会英语语流的魅力。用崽崽 App 翻唱英文歌曲，让学生在快乐中学习英语，在趣味实践中提升语言应用能力。

(二)微课小先生，英语课堂高效翻转

“翻转课堂”这个概念被提了很多年，也有很多老师实践过，为什么现在不热了，因为不够极简。《中小学教师信息技术应用能力校本应用考核规范》中 B3 探究型学习活动设计的微能力描述：依据课程标准和学习目标，合理借助信息化手段支持探究型学习活动，从而：

1. 整合学校、家庭、社会等多方资源，拓展学生学习空间。

2. 为学生开展合作学习、过程记录提供交流和协作的工具或平台。

3. 为教师过程跟踪、行为分析与及时干预提供支持。

4. 提升学生利用网络资源和技术工具开展学习的能力。

特别是有了极简教育技术后，微课的制作技术处于零门槛状态，那么教师可以引导学生在课外开展基于资源的协作学习，在课内开展基于学生微课作品的探究学习，学生通过对微课的讲解来吸收知识。正是这种极简的方式让微课促进学生内化知识，让一个个优秀的学生像信号塔一样带动周围的学生一起开展探究学习和交流。

(三)社群学习，英语课堂深度扩展

基于项目学习，教学中可以采取技术驱动策略，为学生创设真实学习情境和学习体验，促进知识的深层次理解和有意义的学习。《中小学教师信息技术应用能力校本应用考核规范》中 C2 创造真实学习情境的微能力描述：利用技术创造真实学习情境，从而：

1. 将学习内容与现实环境进行有意义的关联和互动，促进知识的深层次理解。

2. 突破时空限制，整合多种资源，丰富学生学习体验，促进意义建构。

3. 为学生经历和完成复杂的、挑战性的任务提供情境。

4. 增强学生学习动机和学习投入，促进学生自我导向的学习。

5. 扩大学习交流范围和交流对象，帮助学生发展社会基本技能。

借助教育技术将传统教学模式和网络辅助模式有机结合的混合式学习，可构建新的学习生态——社群化学习。它既可以发挥教师的主导作用，又能体现学生的主体地位，有效促进教师的教与学生的学，有利于师生之间的交流与沟通，如英语教师可以为学生建立专属“小打卡”(微信小程序)、“每日诵读”课程，鼓励学生在社群互相学习、互相评论、互相鼓励，提升自己的口语表达能力。在这样的社群学习中，教师只要做好主题引领，让学生在零散的时间持续在英语社群进行互动学习，养成良好习惯，促成可持续发展的有效学习。

扫描下方二维码查看《“小打卡”操作教程》微课操作。

四、极简教育技术赋能英语课堂教学

(一)让教师易于备课和授课

趣味小测试：

1. 在备课时，你会从哪搜集与教材配套的音频资源？

2. 我们发现微信公众号中有很多音视频资源，如何快速下载并将这些资源应用到PPT或希沃白板里面呢？

3. 如何利用手头的纸质资源，快速制作可以用于教学的原创资源呢？

以上三个问题是教师在备课和授课时经常遇到的问题。《中小学教师信息技术应用能力校本应用考核规范》中A4数字教育资源管理的微能力描述：掌握数字教育资源管理的工具和方法，从而：

1. 有序管理数字教育资源。

2. 形成属性和特征丰富的数字资源库。

3. 提高资源检索效率和利用效率。

4. 依据教学目标有效整合多种信息资源。

通过极简教育技术，这些问题都可迎刃而解。如教师所需的文档、图片、音频、视频等资源可借助各类极简教育技术来获取。

绝招一："极简技术工具"(微信小程序)只需三步就能在小程序的教师 PPT 界面下载我们需要的 PPT 模板，用于课件制作与应用，且模板里面的动画、字体已设计好，替换即可使用，方便快捷。

绝招二：公号素材助手 2(微信小程序)一键轻松下载英语课堂教学所需要的图片、音频和视频。

绝招三：原创英语微课教学资源：用微软听听文档(微信小程序)一分钟做音频类微课；用美篇两分钟做图文类微课；用票圈视频三分钟做视频类微课等。(后面的章节会具体介绍以上绝招)

(二)让学生热爱学习和合作

极简教育技术不只是让教师端的备课和授课变得极简，同时借助各种学习小工具或平台，可以有效促进学生之间的深度合作学习。《中小学教师信息技术应用能力校本应用考核规范》中 B5 学习小组组织与管理的微能力描述：借助信息技术进行学习小组的组织与管理，从而：

1. 丰富学习小组产生方式。
2. 提高小组成员学习活动的参与度。
3. 保证小组成员平等地获得学习资源。
4. 及时了解并有效推进小组学习进展。
5. 促进小组成员及时交流与深度互动。
6. 推动了集体智慧的沉淀和分享。

根据以上微能力的描述，在极简技术的支持下，学生学习和合作更简单。

绝招一：借助"UMU 互动学习平台"的微课程创建，将学生零散的微课资源进行整合。

绝招二：小打卡(微信小程序)、班级小管家(微信小程序)、晓黑板(App)、QQ 作业管理功能等，都能实现师生、生生互评互改，让学生在学习共同体中学习和成长。

绝招三：希沃白板 5 的各类游戏互动功能，有利于激发学生的课堂活跃度，让学生在游戏和竞争中学习。

(三)让师生易于创造和实践

在教育教学中，敢于创新，勇于实践，是时代赋予我们的使命和挑战。《中小学教师信息技术应用能力校本应用考核规范》中 C3 创新解决问题的方法的微能力描述：利用技术创新解决问题的方法，从而帮助学生：

1. 拓展思维空间，从多个视角厘清和界定问题。

2. 掌握问题分析的多元方法，提高问题分析的能力。

3. 学会综合运用多个领域知识和技能解决问题。

4. 及时交流和呈现问题解决的方法、过程和结果。

5. 培养多向思维的习惯和创新能力。

极简教育技术属于创新者的天下，将极简教育技术应用于日常教学中，一切就会变得很容易。

绝招一：教师进行希沃白板 5 的各种创新应用。

绝招二：一款在线小程序“课堂有点酷”，让你在电脑上就能进行课堂点名抢答，好玩得让学生停不下来。

绝招三：微信小程序“极简技术工具”的微考勤、微朗诵等 18 种极简小妙招让你很好地帮助学生及时交流和呈现问题解决的方法、过程与结果。(后面的章节会具体介绍以上绝招)

第三节 极简教育技术优化小学英语教学发展新趋势

一、移动学习与小学英语教学

(一)碎片化学习

随着信息时代的到来，学生的个性化成长需求日益增强，以自身发展为目标，以碎片化学习为主的非制度化学习呈席卷之势。在课堂上，学生需按照教师的教学指导去学习，而课外时间，学生可充分利用手边的书籍、教辅资料、智能手机、平板、电脑等进行辅助学习。你可以看到小学生在地铁上低头用手机记单词，在餐馆排队等餐时听英语达人的脱口秀。累计他们的碎片化学习时长，则不容小视，累计他们在碎片时间所积累学习的知识，则足以让人震撼。

(二)组块化学习

碎片化学习的真谛来源于1956年美国心理学家乔治 . A. 米勒(George. A. Miller，1920－2012)发表的论文《神奇的数字7加减2：我们加工信息能力的某些限制》中的米勒—考恩定律。米勒的研究结论是：人的短时记忆容量为7±2个单元组块，信息组块的数量7对于即时记忆是恒定的，而与每个组块内部的信息位数无关。米勒还提出，我们可以通过重新编码，让每一个组块内部容纳的信息数量越来越多，这样就能构建越来越大的组块，从而获取更多的信息，提升组块有效储存心智容量的能力。黎加厚教授在《现代极简教育技术》中对此有详细阐述。简单地说，巧妙运用易学易用的极简教育技术，就可以有意识地将许多零散教学内容或是教学思维方法、原理等信息整合成更大的意义单位，促成英语教学的科学化，促进人对知识的高效吸收。

(三)移动化学习

不知大家是否留意到身边存在的一个怪象：家长手机分秒不离身，却严格限制自己的孩子玩手机：家长砸手机，孩子不吃饭省钱买手机。家长砸手机的理由是不能因为玩手机耽误了学习。揭开这层面纱，耽误孩子学习的到底是手机还是家长？家长可曾花时间和精力管理孩子？可曾用心陪伴您的孩子适应这种新型学习环境，培养孩子的自觉性、自律能力？

人都喜欢走捷径，可是教育没有捷径可走，做好对孩子正确的引领和指导是为人师长必须要做的。我们在用手机刷朋友圈、抖音等娱乐消遣的同时何不充分利用这些信息技术工具来学习？越来越轻薄和便携的智能手机、平板等，里面有各种学习应用商城和软件，我们何不尝试结合小学生的学习情况，和孩子一起挑选适合的学习工具，开启智慧的移动学习之旅呢？这条路虽诱惑巨大，且无比艰难，却是必走之路。智能工具也说："我便携了，你移动了，何乐而不为呢？"

二、人工智能与小学英语教学 >>>>>>>>

人工智能(Artificial Intelligence)，英文缩写为 AI。"人工智能"一词最初是在 1956 年美国计算机协会组织的达特莫学会上提出的。美国麻省理工学院的温斯顿教授认为"人工智能就是研究如何使计算机去做过去只有人才能做的智能工作。"接下来让我们来看看，已经有哪些人工智能的极简教育技术可以应用于我们的英语课堂吧。

(一)智能点读，轻松解决英语发音问题

英语是一门语言学科，语言需要反复操练去识记，小学生的瞬时接受能力很强，但遗忘也更快。因此借助技术在课外对学生进行适度的音标、字母组合发音训练、单词拼读训练、短句朗读训练是非常必要的。如教师推荐家长指导学生用小学"英语自然拼读"(小程序)学习和训练英语发音；教师推荐家长指导学生用"英语点读 ABC"(小程序)学习英语单词和短句发音。这种基于人工智能的陪伴式学习，随时随地可以进行，也方便父母操作。想让孩子说一口流利的英文吗？推荐的小程序用起来吧！

(二)智能翻译，及时搞定英语词汇

对于刚起步的小学生来说，英语学习首先要解决发音问题，即培养开口读的能力。教师上课时间有限，想让学生不为英语单词所难，何不借用智能翻译呢？教师可以使用"希沃白板 5"的"英汉字典"功能，将单词的发音生成单词卡，在课堂教学中借助智能翻译引导学生进行点读、跟读或拼读，并详细讲解该单词的释义。如教师建议学生用讯飞翻译(小程序)，通过语音输入的方式，查询中英文词

汇；建议学生用网易有道词典(App)查询单词或句子的意思，并根据自己的需求学习常用短语，这就是有效的个性化教育。

(三)智能模仿，高效训练英语口语

中式英语一直是困扰中国学生口语的一大问题。借助极简教育技术，精准施策，借助智能设备营造真实的语言环境，巧妙开设“第二课堂”让学生进行高效模仿训练，让发音更纯正，更地道。如教师可以布置“少儿英语趣配音”(微信小程序)任务，让学生观看电影或动画短片感受地道的英语发音，并张口模仿学习。在反复观看和模仿的过程中，学生的发音得到及时矫正，学生的自学能力也得到极大的提升。如建议学生用“每日英语电台”(小程序)收听适龄阶段的英语新闻或故事，你会在不知不觉当中发现孩子成了英语脱口秀达人!

(四)智能打卡，培养英语阅读习惯

语感作为一种隐形的英语能力，能使学生跨越语法困难的障碍做出正确的判断，而这种能力的培养可通过大量的阅读来实现。可现实的状况是教师深感课内的阅读都完不成，更何谈对学生进行英语课外阅读的监督和指导，培养学生的阅读习惯呢？我们不妨将一些小程序或公众号等极简技术的督导、互动、点评等功能利用起来，架起课内向课外延伸的桥梁，从而解决这个难题。如教师可以建议学生关注“星魔方少儿英语阅读”(公众号)，让学生在公众号中进行英语的有声图文阅读；教师用“小打卡”布置极简话题的阅读作业，让家长在家协助学生用文字、音频或视频等进行阅读感受分享。教师可以开启互评模式，让学生之间进行交流学习。不仅如此，各类阅读软件都能及时处理学生的生词问题，解决学生阅读的最大障碍，学生读懂了，就愿意从书里寻找快乐。

三、四全课堂与小学英语教学

全媒体时代已经到来。全媒体应该是“四全媒体”，即全程媒体、全员媒体、全息媒体和全效媒体。这既是互联网时代媒体发展的时代趋势，也是我们教育信息化推进的重要抓手。就小学英语学科而言，我们积极倡导运用新技术构建小学英语的四全课堂教学模式，即“全员课堂”“全息课堂”“全程课堂”“全效课堂”，从而稳步、扎实、有效开启“全媒体英语教学模式”。

(一)全员课堂：运用极简技术，实现课堂全员参与、深度互动

全媒体时代，提高英语教师的信息素养，秉承“以生为本”的教育理念，尊重学生个体差异，因材施教，构建小学英语的“全员课堂”。只要善于借助极简教育

技术(即方便、实用、易学、易用、有效的教育技术)或借助移动终端，把教师满堂灌、学生一股脑看和听的单向教学，改造成生生互动、师生互动、学生积极大胆展示的合作学习课堂，就能提高教与学的水平。这样一来，每位教师既是学习者也是开发者，他们与家长和学生组成学习联盟，共同服务于全员参与的个性化学习。

(二)全息课堂：巧用极简移动微课，突破全媒体技术的瓶颈

全息视域下的小学英语教学，打破了教师的“话语霸权”，赋予了学生自由、开放的学习空间。英语教学不再是教材知识的原版拷贝，而是基于价值理解的文化建构与创造，且学生在课前、课中和课后都可以开展英语学习。特别是移动互联网时代，英语教育资源的传播更加数字化和全媒体化。利用各类媒体，以“极简移动微课”为基点，构建“人人皆学、处处能学、时时可学”的“全息英语课堂”，对学生体验立体多元化的学习具有重要意义。教师只需利用手上的移动终端，下载免费的微信小程序、App 和关注微信公众号，就能轻松获取各类资源用于教学。同时，还能指导学生运用数字媒体、智能媒体和纸质等传统媒体，体验立体、多元化的学习方式。

(三)全程课堂：深耕课堂，打造全媒体英语教学新生态

正如陶行知先生在《创造宣言》所言：处处是创造之地，天天是创造之时，人人是创造之人。全媒体时代下的全程课堂，突破了课堂的时间与空间界限，让学习随时随地发生，使课堂教学无限制。综合考虑当前英语教学现状，构建以学生为发展中心，系统而可持续的多元、多样、多维发展的“全程英语课堂”，推动深化课堂改革进程。我们倡导和鼓励创建以下几种模式。

“自主学习＋互联网”模式：学生根据自身需求，观看教师制作的移动微课，开展课外自学，实现个性化学习。

“探究学习＋互联网”模式：学生根据教师的要求，自主创建移动微课，在课堂内外开展探究性学习。

“合作学习＋互联网”模式：学生在教师的指导和家长的帮助下，在微信群等开放平台实现合作学习。

“前置作业＋互联网”模式：学生在家长帮助下，以 BYOD 的方式，借助手机、平板等移动端在课外完成网上作业，教师根据平台大数据了解学生的学习情况，以学定教。

“评价考核＋互联网”模式：在将翻转课堂与传统小学英语课堂教学相结合的基础上，将传统小学英语教学评价考核方法和互联网线上考核与评价方法相结合，建立课前、课上和课下三方考核评价体系，促进学生积极参与英语翻转课堂

教学，进一步促进“互联网＋全程课堂”的推广及应用，从而提高小学英语教学质量。

(四)全效课堂：广辟教育资源，深度融入课改

全媒体时代下的全效课堂辐射课堂内外，能有效推动师生的全面发展，为优化小学英语课堂教学带来新的发展前景，但也将面临新的挑战。作为英语教师，我们除了在教学目标指导下关注学生语言技能、语言知识、情感态度、学习策略、文化意识五个方面的综合语言运用能力外，也应该重视师生双方在“全效课堂”活动中的综合素养的培养，注重人的全方面发展。

我们积极鼓励英语教师开发用于课堂教学的资源，以及配合校本课程实施的学习类微课程；我们也倡导由教师、家长甚至学生自己开发，主要用于学校组织的课外德育活动、读书活动、科技活动、美育活动、体育活动、发展个性特长的社团活动，以及学生在家预习、校外自主学习等方面的核心素养类微课程。

第二章
极简教育技术优化小学英语课堂之基本功

全媒体时代，学校全域教育空间悄然而至，学校教育已走向信息化、多元化、多样化、开放化。做一个具备专业学科素养、信息素养及智能教育素养的应用型、创新型、复合型及融合发展型教师，是优化课堂教学，提高教学效率的关键所在。作为一名新时代的小学英语教师，要想给自己的英语课堂注入新的活力和魔力，让学生主动学习和爱上英语，更应该转变教学观念，在熟练掌握教师基本功的“老三篇”(三笔字、普通话、简笔画)基础上，熟练掌握“新三篇”就显得更为重要。黎加厚教授提出“新三篇”，即二维码、极简移动微课技术(App，小程序、公众号等)、微课程。这些技能也是“互联网+新生态”下英语教师的必备技能、信息素养及智能教育素养。

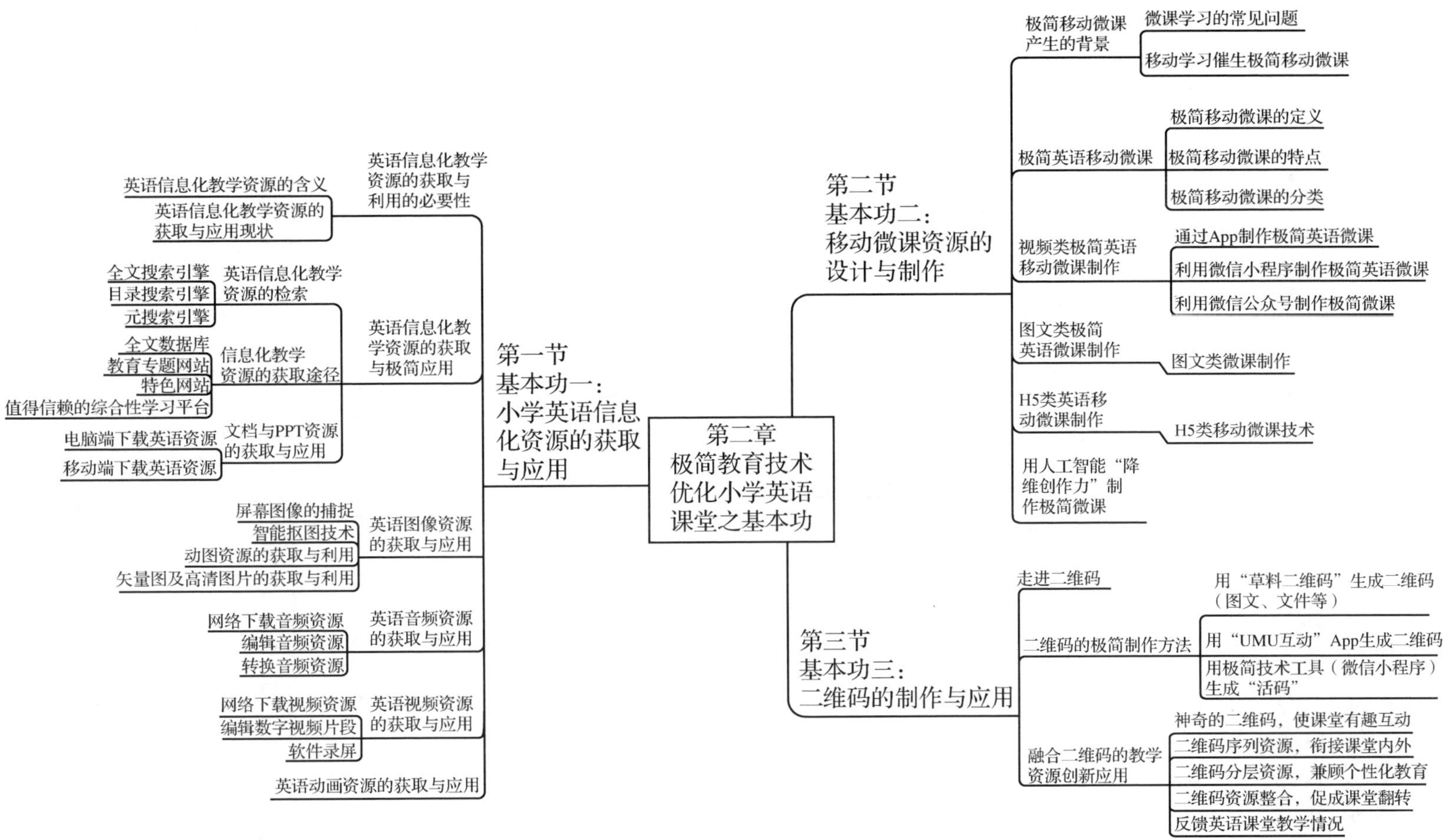
第二章
极简教育技术优化小学英语课堂之基本功
第一节
基本功一：
小学英语信息化资源的获取与应用
英语信息化教学资源的获取与利用的必要性
英语信息化教学资源的含义
英语信息化教学资源的获取与应用现状
英语信息化教学资源的获取与极简应用
英语信息化教学资源的检索
全文搜索引擎
目录搜索引擎
元搜索引擎
信息化教学资源的获取途径
全文数据库
教育专题网站
特色网站
值得信赖的综合性学习平台
文档与PPT资源的获取与应用
电脑端下载英语资源
移动端下载英语资源
英语图像资源的获取与应用
屏幕图像的捕捉
智能抠图技术
动图资源的获取与利用
矢量图及高清图片的获取与利用
英语音频资源的获取与应用
网络下载音频资源
编辑音频资源
转换音频资源
英语视频资源的获取与应用
网络下载视频资源
编辑数字视频片段
软件录屏
英语动画资源的获取与应用
第二节
基本功二：
移动微课资源的设计与制作
极简移动微课产生的背景
微课学习的常见问题
移动学习催生极简移动微课
极简英语移动微课
极简移动微课的定义
极简移动微课的特点
极简移动微课的分类
视频类极简英语移动微课制作
通过App制作极简英语微课
利用微信小程序制作极简英语微课
利用微信公众号制作极简微课
图文类极简英语微课制作
图文类微课制作
H5类英语移动微课制作
H5类移动微课技术
用人工智能“降维创作力”制作极简微课
第三节
基本功三：
二维码的制作与应用
走进二维码
二维码的极简制作方法
用“草料二维码”生成二维码（图文、文件等）
用“UMU互动”App生成二维码
用极简技术工具（微信小程序）生成“活码”
融合二维码的教学资源创新应用
神奇的二维码，使课堂有趣互动
二维码序列资源，衔接课堂内外
二维码分层资源，兼顾个性化教育
二维码资源整合，促成课堂翻转
反馈英语课堂教学情况

第一节

基本功一：小学英语信息化资源的获取与应用

亲爱的老师们，您对以上技能的掌握情况怎样？您的信息素养如何？您把信息技术应用到英语教学的情况如何？让我们来做以下趣味小测试。

趣味互动二维码

如果您的测试分数在 80～100 分，说明您的信息素养还不错；

如果您的测试分数在 70～79 分，说明您的信息素养还有提升空间；

如果您的测试分数在 69 分以下，说明您的信息素养需要加把劲提升了。

一个具备信息素养和智能教育素养的教师，不一定精通信息技术，但一定要深谙信息技术和学科教学的融合之道。“专业的人做专业的事情”，作为英语教师，我们并不需要花很长时间钻研信息技术，而是要思考如何借助技术做好英语教学设计与优化，打造高效课堂。本章节将为大家介绍借助极简教育技术优化课堂教学的“基本功”。作为一名英语教师，只有掌握了这些基本技能，才具备轻松获取信息化教育资源并应用于英语学科教学的能力。

一、英语信息化教学资源的获取与利用的必要性

丰富多样的课程资源对英语学习非常重要。英语课程应根据教和学的需求，提供贴近学生、贴近生活、贴近时代的英语学习资源。随着全媒体的不断发展，信息无处不在、无所不及、无人不用。全息英语课堂下，如果英语教师能创造性地利用极简教育技术，提高自身获取与应用资源的能力，方能获取有用的信息化教学资源，助力优化学科教学设计。大家来看看下面的热身小测试。

趣味题目：

1. 写出台风这个词的英文单词，它的读音是什么？

2. Crews comb Hudson River in search of man? Comb 如何翻译？

3. “人肉搜索”用英文怎么翻译？human flesh search 还是 doxing?

4. “热搜”用英文怎么翻译？如何用英语表达“打包”？

如果你能在5分钟内完成这些题目，那么说明你的资源获取能力非常高；如果你能在10～15分钟完成，说明你的资源搜索能力还不错；如果超过半小时你还搜不到信息，那么，作为英语教师，你将面临信息时代带来的巨大挑战。特别是随着人工智能的发展，作为信息时代的我们，必须具备资源获取与应用能力，从而为我们的教育教学服务，尤其要懂得使用极简技术工具搜索与获取各类英语信息化教学资源。

(一)英语信息化教学资源的含义

资源指的是一切可以被人类开发和利用的物质、能量和信息的总称。教学资源是指在教育教学过程中，能够为教与学提供支持与帮助的所有资源。英语信息化教学资源主要指以信息技术为基础，能够为英语的信息化教学提供支持和帮助的所有有价值、有作用的物质、能量和信息的总称。英语信息化教学资源包括电子图书、媒体素材、教学课件、教学案例、网络课程、认知工具、仿真系统、教育游戏等。英语信息化教学资源的特点是处理数字化，呈现多媒体化，传输网络化和组织超文本化。

(二)英语信息化教学资源的获取与应用现状

目前，英语教师在信息化教学资源的应用方面普遍存在以下问题。

一是教师信息化教学资源的获取渠道狭窄。中小学教师对信息化资源缺乏全面了解，很多中小学英语教师所了解的信息化资源大多集中在一些网站和公司制作的资源库中，资源获取的渠道狭窄，与教师的实际教学需求有所出入，殊不知，融入我们生活中的看似平常的极简小程序、App、公众号、视频号里也有很多值得学习和借鉴的优质资源。

二是搜索与下载技巧的严重缺乏。全媒体时代，可用于教学的信息化教育资源非常丰富，这些资源人人用、天天用，但不一定能用得好。提到资源获取，老师们都是行动派高手，立马找百度。如需要一个教学视频资源，老师们不懂如何在百度官网进行精准搜索(如何进行精准的引擎搜索，本章节会具体介绍)，而最常见的做法就是马上进入百度网页查找，有些时候我们花了大量的时间也找不到可用的资源。究其原因是老师们只知盲目地“开源”，到处搜索下载所需资源，却没有思考如何灵活运用搜索下载技巧来“节流”，做到降本增效。

三是英语信息化教学资源的利用率不高，应用效果不理想。教师应充分利用碎片化时间，搜索适合自身教学的英语资源，并充分运用于课堂，以减少资源闲置和浪费。

广大一线英语教师可根据教学实际需求，借助极简教育技术工具拓宽获取英语信息化资源的途径；巧妙应用各类极简技术，提高信息教育资源的搜索能力，并下载信息化教学资源；创新应用优化课堂教学，提升教学效率。

二、英语信息化教学资源的获取与极简应用

(一)英语信息化教学资源的检索

说到检索，大家用得最多的可能就是百度，但这种方式搜索的资源参差不齐，我们无法判断搜索的资源是否具有权威性，能不能为我们教学所用还有待考究；对搜索出的海量级和碎片化的信息的二次甄别与筛选，更增加了有效获取英语教学资源的时间和成本。那么，笔者根据英语学科经常用到的信息化教学资源，推荐以下几款极简搜索工具：全文搜索引擎、目录搜索引擎、元搜索引擎。

1. 全文搜索引擎

本书推荐百度、搜狐及搜狗等常用搜索引擎。下面我们重点介绍大家非常熟悉的百度搜索引擎。

图 2-1-1　百度搜索引擎

通过百度，用户可以快速搜索中文信息资料。百度除了简单检索和高级检索外，还可以使用“site 指令搜索法”，即在限定的网站中精准搜索，就可进行结果标题搜索、结果摘要搜索、关键词竞价排名以及相关搜索等。

site 指令搜索法：如在百度输入“毕业论文怎么写 site：zhihu. com”就可精准地进入关于撰写毕业论文的板块，如图 2-1-2 所示。

图 2-1-2　site 指令搜索法截图

使用范围：百度

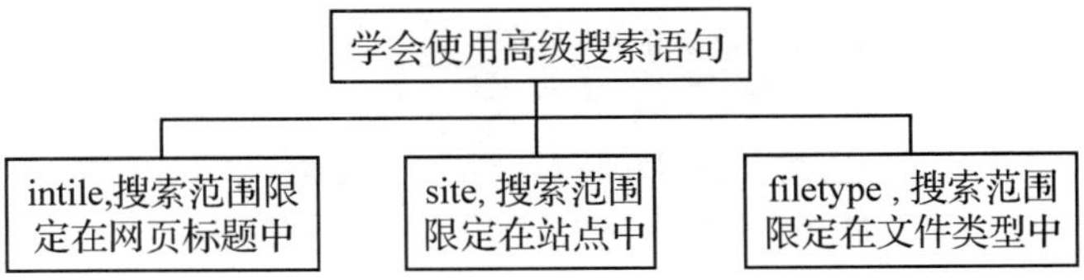

图 2-1-3　高级搜索

2. 目录搜索引擎

目录搜索引擎是由信息管理专业人员在广泛收集网络资源与加工整理的基础上，按照某种主题分类体系编制的一种可供检索的等级结构式目录。目录搜索引擎虽然有搜索功能，但严格意义上不能称为真正的搜索引擎，只是按目录分类的网站链接列表而已，用户完全可以按照分类目录找到所需要的信息。该类搜索引擎因为加入了人工智能，所以信息准确、导航质量高，但缺点是需要人工介入、维护量大、信息量少、信息更新不及时。

3. 元搜索引擎

元搜索引擎在接收用户查询请求时，同时在其他多个引擎上进行搜索，并将结果返回用户。如我搜，我搜是乐投科技专为安卓系统的平板电脑推出的一款高清电子市场及资源搜索平台。我搜聚集高清应用及游戏，汇总精彩视频及美图，提供高效智能搜索，网罗各类免费资源，致力打造成为用户首选的高清应用市场，及领先的资源搜索引擎，为移动互联网用户提供差异化服务及美好体验。

(二)信息化教学资源的获取途径

为方便教师查找或获取更多可用教学资源，特给大家推荐以下常用的资源网站。

1. 全文数据库

在查找文献资料时，中国知网(CNKI) 是大多英语教师的选择。“CNKI 数字图书馆”包括工程技术、人文与社会科学、自然科学、图书、博硕士论文、报纸、会议等公共信息资源，是目前世界上全文信息量规模最大的数据库。除了中国知网外，国内常用的网络数据库还有重庆维普、万方数据、书生之家、超星数字图书馆、读秀学术搜索等。

2. 教育专题网站

ERIC 教育资源信息中心：网址是 http：//eric. ed. gov/，其中包括各种文档以及教育研究与实践方面的论文摘要。这些摘要的数量超过了一百万篇，收录了 980 多种教育及与教育相关的期刊文献的题录和文摘。

图 2-1-4　ERIC 搜索界面

K12 中国中小学教育教学网：网址是 http：//www. k12. com. cn/，K12 中国中小学教育教学网是面向基础教育的综合专业教育网，是教育类站点中有影响力的大型网站之一。

图 2-1-5　K12 搜索引擎

国家基础教育资源公共服务平台：网址是 http：//www. eduyun. cn/，该平台是依托国家基础教育资源网筹建的面向全国的教育服务平台，借助现代科学技术，向学校、教师、学生和家长提供各种教学服务和教育教学资源，实现教育均衡发展。教师只需点击进入官网，按要求完成注册，然后点击“找资源”按钮，根据学段、学科、版本和年级选择需要的 Word 文档或 PPT，直接下载即可。

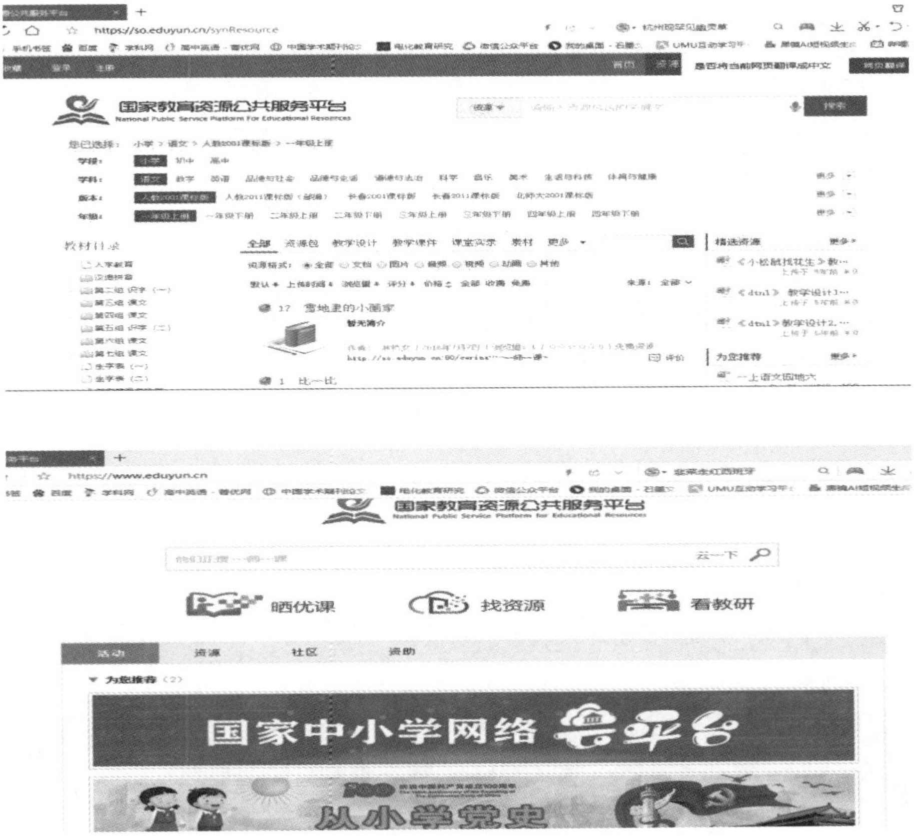

图 2-1-6　国家基础教育资源公共服务平台

精品开放课程共享系统——爱课程：网址是 http：//www.icourses.cn/，国家精品开放课程包括精品视频公开课与精品资源共享课，是以共享优质课程资源为目的、体现现代教育思想和教育教学规律、展示教师先进教学理念和方法、服务学习者自主学习、通过网络传播的开放课程。

图 2-1-7　爱课程官网

如搜索“英语教学与互联网”，即可查看华南师范大学焦建利教授团队的英语慕课“英语教学与互联网”课程。本课程建设队伍集合了教育技术专家、英语学科教学专家及不同阶段的一线英语教师，根据英语学科特点，全面、系统、科学地为大家展示了英语教学与学习过程中应该掌握的互联网技能。

图 2-1-8　中国大学 MOOC 官网

3. 特色网站

wikiHow：

网址是 http：//www. wikihow. com/Main-Page。

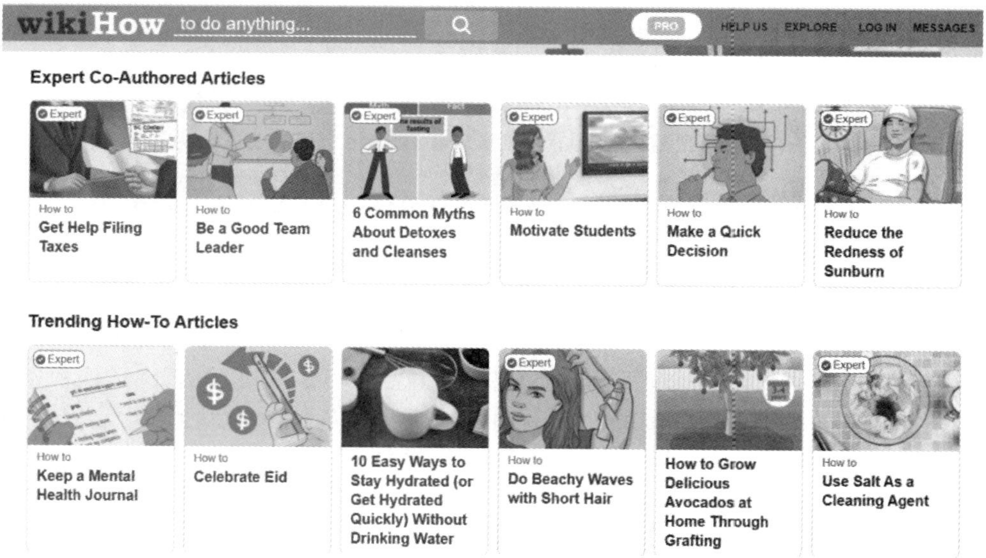

图 2-1-9　wikiHow 官网

wikiHow 是比较实用的科普搜索引擎，它通过直击目标——怎么做，帮助我们精准搜索，如你可以搜索“怎么进行视频剪辑”“怎么养猫猫狗狗”“怎么种树”“怎么快速阅读”……切中要害，直达目标。这样一来，英语教师在搜索一些日常资源时是不是能做到省时高效呢？

如 Wechat 和 Tiktok 在国外很流行，但你不知道怎么用英语表达，就可以用 wikiHow 搜索，搜索的结果非常有趣，如图 2-1-10 所示。

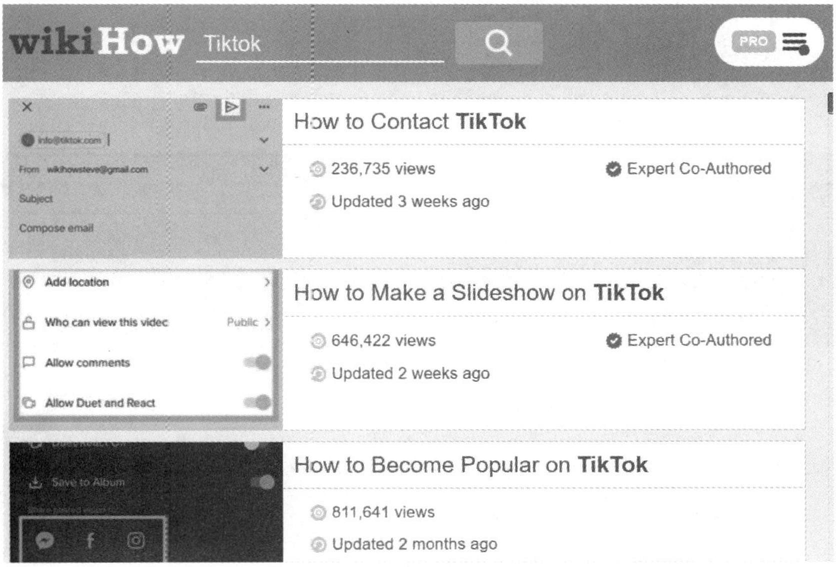

图 2-1-10　Tiktok 搜索截图

点击第一篇文章《How to Contact Tiktok》。该文章非常详细地讲解了如何使用 Tiktok 的方法，还配上了图片，要多贴心有多贴心。

4. 值得信赖的综合性学习平台

“学习强国”是由中共中央宣传部主管，以习近平新时代中国特色社会主义思想和党的十九大精神为主要内容，立足全体党员，面向全社会的优质平台。该学习平台由电脑端、移动端两大终端组成，而电视端也于 2020 年 12 月在浙江率先上线。

电脑端有“学习新思想”“学习文化”“环球视野”等 17 个版块 180 多个一级栏目，手机客户端有“学习”“视频学习”两大版块 38 个频道，聚合了大量可免费阅读的期刊、古籍、公开课、歌曲、戏曲、电影、图书等资料。

电脑端用户可登录网址或通过搜索引擎搜索浏览学习强国（xuexi. cn）。我们发现，该平台具有以下优势。

(1)信息权威，内容丰富

打开“学习强国”官网，我们可以看到 12 个版块，大家可结合自身需要点击进入。

(2)按需进行快速引擎搜索

进入“学习强国”官网后，在网站的右边出现“站内搜索”或“搜索”，就可以开始引擎搜索了。比如，我要搜索关于英语学习的相关内容，就可以输入关键词“英语学习”，然后电脑屏幕会出现和英语学习相关的内容供你参考。

第一步：点击“学习强国”官网，进入“站内搜索”或“搜索”。

图 2-1-11　学习强国搜索引擎截图 1

第二步：“搜索”栏输入关键词即可进行引擎搜索。

图 2-1-12　学习强国搜索引擎截图 2

第三步：按需查找自己想要的资源，点击进入即可学习。

图 2-1-13　学习强国搜索引擎截图 3

(3)关联资源平台、网站和经典书目推荐

学习强国网站帮我们整理了覆盖信息面最广的资源链接，如图 2-1-14 所示。

图 2-1-14　学习强国关联资源截图

(4)学习资源平台

点击任意一个平台图标即可进入官网链接，从而了解各种经典图书，同时也链接了各大权威官方网站，如图 2-1-15 所示，点击即可进入。

手机用户可通过手机应用商店免费下载学习强国 App，也可以通过扫描上方二维码进行下载。

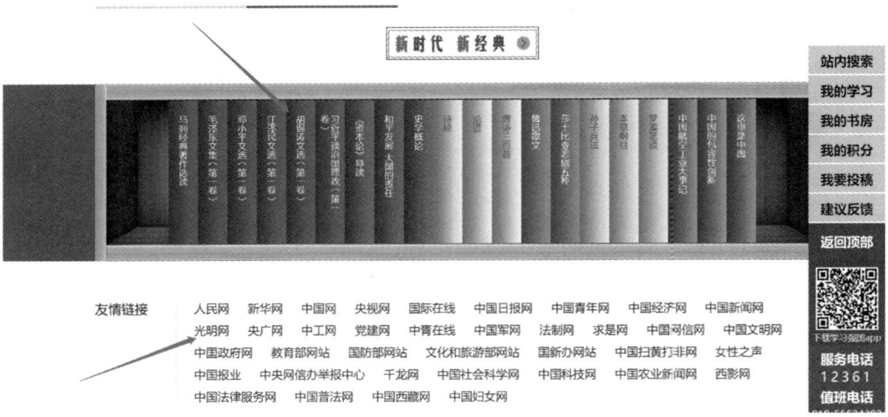

图 2-1-15　学习强国学习资源平台截图

(三)文档与 PPT 资源的获取与应用

文档与 PPT 资源是英语教师常用的教学资源，英语教师可通过各类搜索引擎获取相应的文档和 PPT 资源。本书将从电脑端和移动端两个角度给大家介绍一些实用的搜索和下载方法。

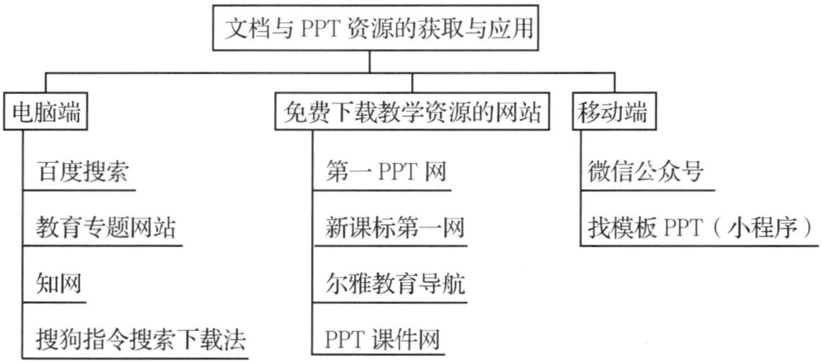

图 2-1-16　文档与 PPT 资源的获取与应用思维导图

1. 电脑端下载英语资源

①搜狗指令搜索下载法。

在这里，我们为教师推荐实用的搜狗指令下载法。以搜索“英语儿歌”相关素材为例，同大家分享如何搜索与下载英语儿歌资源。

第一步：打开搜狗搜索引擎 https：//www. sogou. com/。

图 2-1-17　搜狗搜索截图 1

第二步：输入 filetype：doc 英语儿歌，如图 2-1-18 所示。

图 2-1-18　搜狗搜索截图 2

第三步：完成第二步后，网页中出现大量与“英语儿歌”相关的文档资源，且文档后面有一个下载按钮，教师可根据自己的需要下载即可。

图 2-1-19　搜狗搜索截图 3

如果教师需要 PPT 资料，则输入“filetype：ppt 英语儿歌”，如图 2-1-20 所示，就能搜到大量与“英语儿歌”相关的 PPT 资源，且后面有下载按钮，教师按需下载即可。(注意冒号是中文输入法时的冒号)

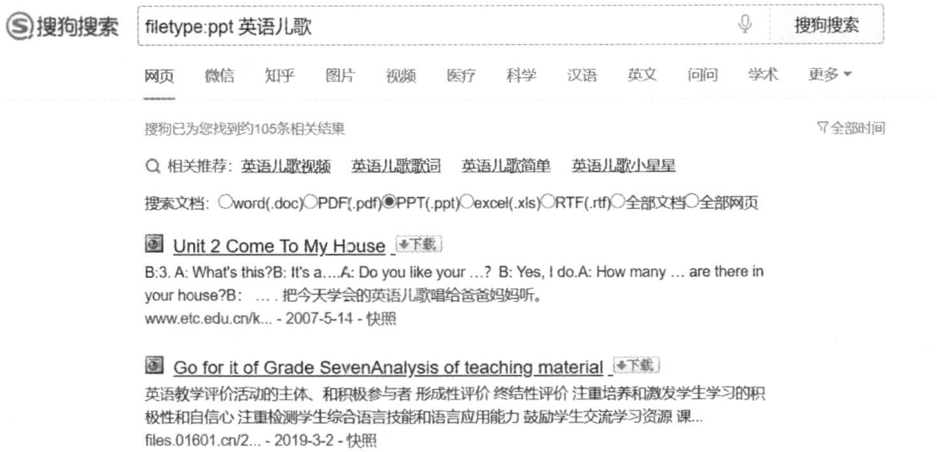

图 2-1-20　搜狗搜索截图 4

扫描下方二维码查看《搜狗指令搜索下载法》微课操作。

②搜狗/微信下载法。

第一步：输入 http：//weixin. sogou. com/网址，进入电脑版网页的“搜狗/微信”搜索引擎，如图 2-1-21 所示。

图 2-1-21　搜狗微信截图 1

如果你想搜索“小学英语听力材料”，可直接输入“适合小学英语听力材料”，如图 2-1-22 所示。

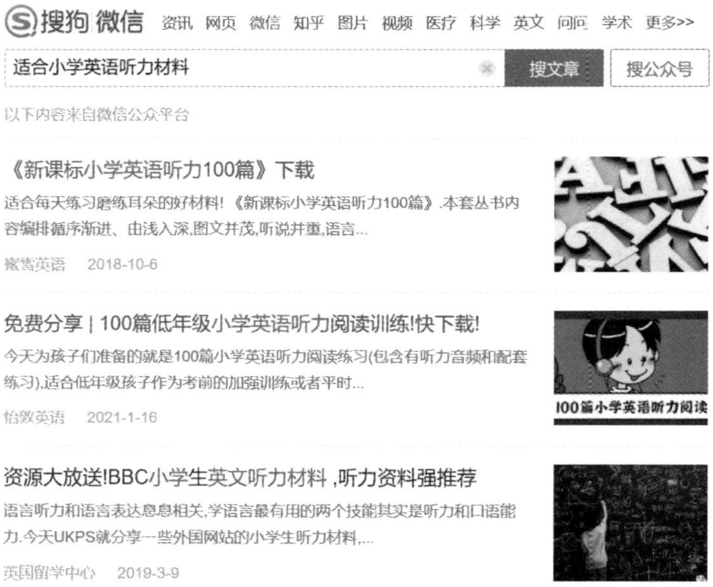

图 2-1-22　搜狗微信截图 2

通过搜狗/微信搜索的大量优质资源可供英语教师学习与参考，为教师的备课与教学设计提供便利。

③PPT 模板的搜索与利用。

教师上公开课或示范课的时候，都希望自己的 PPT 课件做得非常精致。接下来我们给大家介绍如何进行 PPT 模板的搜索与利用，制作出精美的 PPT。

本书向教师推荐第一 PPT 网，该网站有大量精美的 PPT 模板，并且可以免费下载。

第一步：点击进入“第一 PPT”官网，http：//www.1ppt.com/，如图 2-1-23 所示。

图 2-1-23　第一 PPT 官网截图 1

第二步：搜索关键字，如“英语模板”，如图 2-1-24、图 2-1-25 所示。

图 2-1-24　第一 PPT 官网截图 1

图 2-1-25　第一 PPT 官网截图 2

第三步：点击“下载地址”进行免费下载，如图 2-1-26 所示。

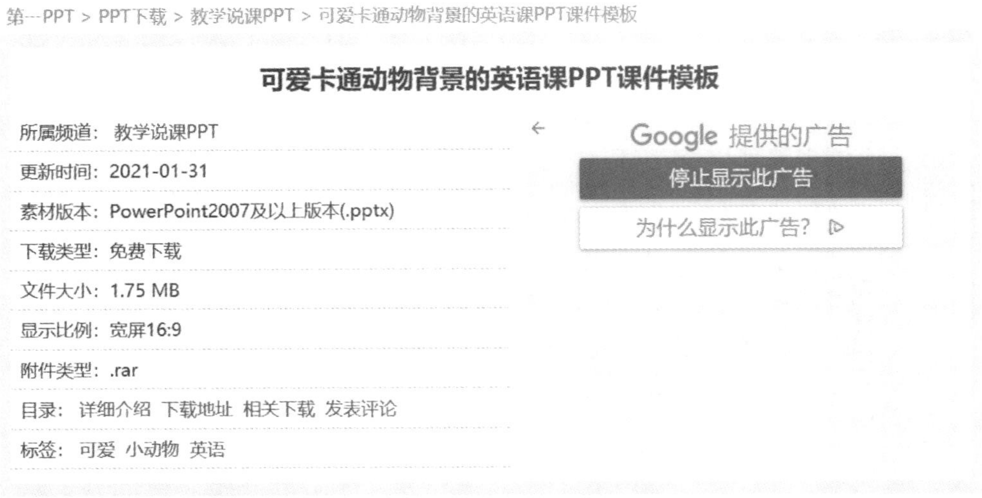

图 2-1-26 第一 PPT 官网截图 4

④学术文献的搜索。

除了日常教学外，教师在撰写英语论文时，往往需要查阅专业的教育教学科研文章，此时教师需要进入相关数据库去寻找资源，教师常用的便是中国知网。

第一步：进入“中国知网”，然后进行注册。

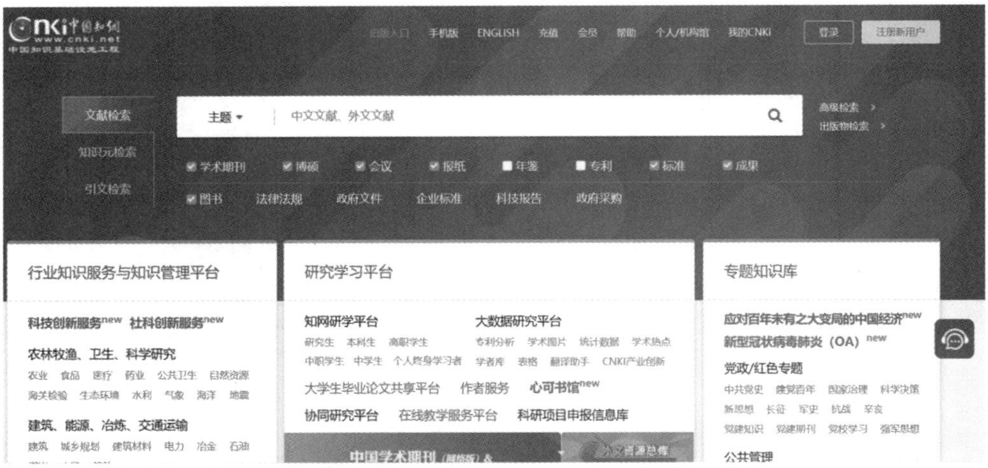

图 2-1-27 中国知网官网截图 1

第二步：在主题中搜索“信息技术与小学英语课堂融合应用”，如图 2-1-28 所示。

图 2-1-28　中国知网官网截图 2

第三步：选择需要的文章，点击右边的下载按钮进行下载，如图 2-1-29 所示。

图 2-1-29　中国知网官网截图 3

中国知网有相应的 App，教师也可以在移动端进行操作使用。

2. 移动端下载英语资源

①微信搜索法。

第一步：打开手机微信，点击放大镜的搜索图标，在搜索下方出现朋友圈、文章、公众号、小程序、音乐、表情和服务几个选项，如图 2-1-30 所示。

图 2-1-30　微信搜索截图

第二步：点击“文章”选项，如搜索“小学英语作文”，教师可以在搜索栏输入“小学英语作文”，然后会出现许多相关文章，教师可按需浏览，然后对需要的文本内容进行复制、粘贴即可。有的文章作者会直接提供网盘下载链接和密码，教师按步骤操作，建议不做商用，且使用时注明出处，尊重原作者。

②微信公众号的号内搜索法。

如果教师想找到更精准的资料，可以采取公众号的号内搜索。

第一步：打开微信，搜索一个英语微信公众号。如新东方小学英语，如图 2-1-31 所示。

图 2-1-31　微信公众号搜索资源截图

第二步：进入“新东方小学英语”官方公众号，点击右上角的放大镜搜索按钮，搜索“小学英语作文”，如图 2-1-31 所示。

第三步：完成第二步后，界面会出现许多新东方公众号为大家整理的文章，而且文章后面都会有该文章的被浏览次数，帮助教师做出选择。

扫描下方二维码查看《极简微信资源搜索法》微课操作。

小程序是无须下载，点击即可使用的应用程序，它具有三个特点：无须安装、无须注册、一学就会。下面介绍“找模板 PPT”小程序的使用方法。

第一步：打开微信，搜索“找模板 PPT”小程序，点击进入。

第二步：进入小程序，里面有 9 种分类的 PPT 模板供教师自由选择。如点击“古风”风格，再点击“找模板”，界面会出现很多精致的 PPT 模板。

第三步：点击该模板，就会跳出下载界面，点击下载，会出现网盘链接，将该网盘链接复制粘贴到百度网盘，然后点击下载即可，如图 2-1-32 所示。

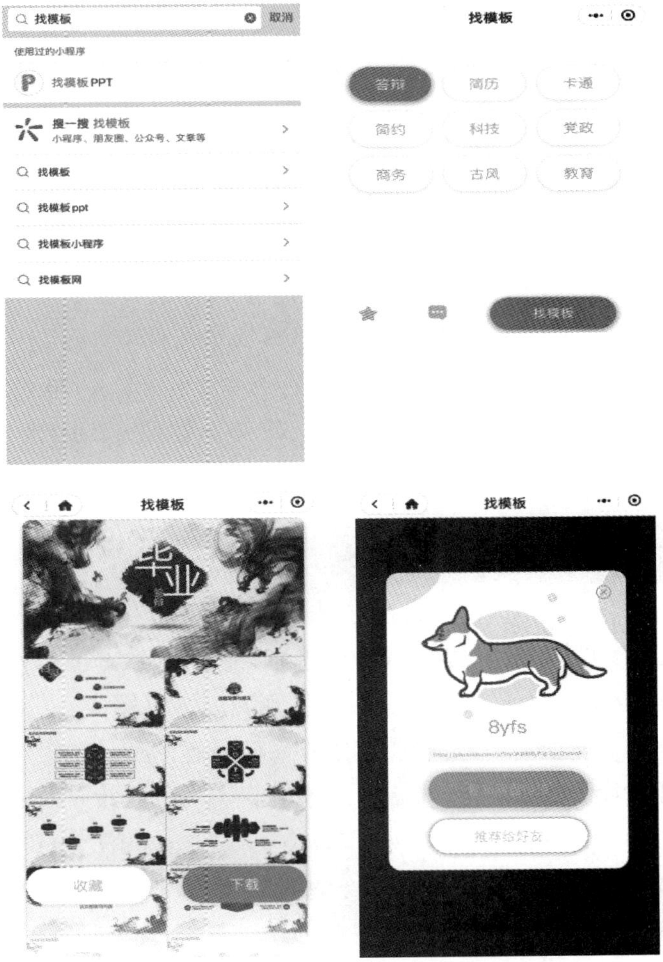

图 2-1-32　找模板 PPT 微信小程序截图

【小彩蛋】PPT 超级市场

简历	可视化图表
公司简历	工作总结
卡通教育	商业计划
端午节	中国风
七夕节	中秋节
双十一	禁毒
蔬菜水果	艾滋病
法律法制	妇女节
奶茶	劳动节

图 2-1-33 “PPT 超级市场”小程序截图及二维码

教师使用手机，扫描上方二维码就能进入“PPT 超级市场”主界面，在顶部只需要输入关键词，就能免费下载相关的 PPT 模板。

扫描下方二维码查看《PPT 模板极简下载》微课操作。

如果教师想要借鉴名师的优质课件，可以从相应的教育专题网站去找。如果想在手机端搜索学术类文章，本书推荐学习通 App。学习通是基于微服务架构打造的课程学习，是知识传播与管理分享的平台。它利用超星 20 余年来积累的海量图书、期刊、报纸、视频、原创等资源，集知识管理、课程学习、专题创作、办公应用为一体，为读者提供一站式学习的工作环境。

三、英语图像资源的获取与应用

教师在利用多媒体进行教学时，如果想让自己的教学更生动有趣，往往需要各类图片资源。图片分为两大类，矢量图(图形)和位图(图像)。矢量图由矢量线组成，优点是文件容量较小，在放大和缩小图像时不失真，如矩形、圆形等。位图由像素组成，可形成色彩丰富的图像，能够真实表现自然界景物，如风景、人物等图像。常见的图形格式有：“. cdr”“. ai”“. dxf”“. wmf”“. emf”。常见的图像格式有：“. bmp”“. jpeg”“. jpg”“. gif”“. png”。了解图片的基本格式，有利于我们对图片资源进行存储。

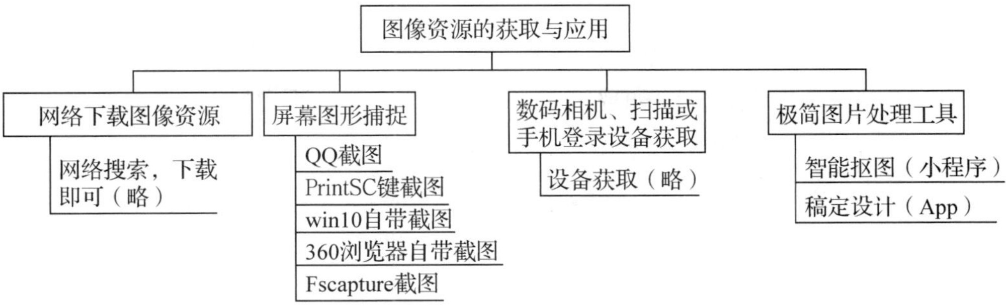

图 2-1-34　图像资源的获取与应用

本书将介绍四种极简获取英语教学图片资源的小妙招。

(一)屏幕图像的捕捉

在图片的获取中，我们通常会遇到部分图片资源无法直接下载，或者教师需要的是视频中的某些图片资源。这些情况，我们就可以采用屏幕图像捕捉的方法。屏幕捕捉方法非常之多，本书推荐几款极简的方法。

QQ 截图：可直接使用【Ctrl＋Alt＋A】快捷键。

微信截图：微信按下【ALT＋A】即可打开截图功能。

键盘截图：电脑键盘上有【PrintScreen】键(PrintSc 键)，按下之后可以对电脑进行全屏截图(不支持部分截图)。发送截图时，只需要按住快捷键【Ctrl＋V】就能粘贴发送。

win10 自带截图：该截图方法需是 win10 系统。点击快捷键【Win＋Shift＋S】进行截图，然后打开聊天窗口或者备忘录粘贴即可。

360 浏览器自带截图：打开 360 浏览器，在浏览器的右上角有个截图的小图标，点击它你会看到下拉菜单，可以选指定区域截图，按住鼠标左键划出一块自己想要截取的区域。选定将要截取的区域后，点击右下角的保存键，在弹出的窗口中选择路径对截图命名并保存。

FSCapture 截图：FSCapture 是一款抓屏工具，附带的其他两个小功能：取色器和屏幕放大镜。这款工具对抓取的图像提供缩放、旋转、剪切、颜色调整等功能。只要点击鼠标就能随心抓取屏幕上的任何东西，拖放支持直接从系统、浏览器或其他程序中导入图片。FSCapture 的优点是：可以滚动网页截长图，也可以截动态图。

获取方法：打开百度页面，搜索 FSCapture。软件本身是绿色的，无须安装，使用时只需打开 FSCapture. exe 即可。

第一步：打开 FSCapture 软件，在桌面上显示快捷按钮栏，这些按钮分别表示各种截图方式的操作，我们可以选择需要的方式，点击快捷按钮进行截图，如

图 2-1-35 所示。

图 2-1-35 FSCapture 软件截图

第二步：如果想下载整个网页图片，可以点击“捕捉滚动窗口”按钮，如图 2-1-36 所示，用鼠标选定需要截图的范围，听到“嘀”声后就已经截好了，然后按需要的路径进行保存即可。

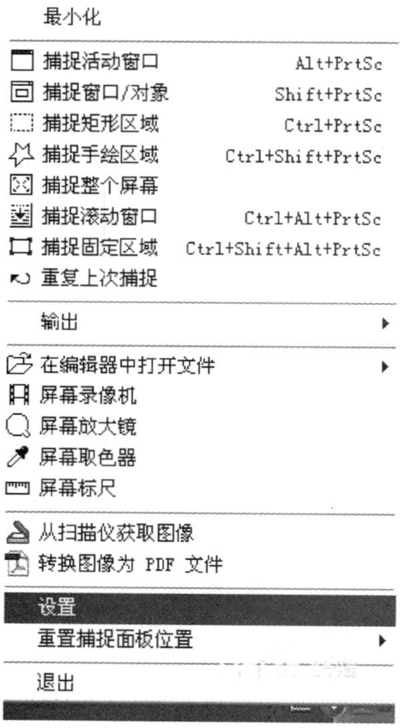

图 2-1-36 FSCapture 软件截图

(二)智能抠图技术

英语教师经常会用到抠图技术。本书推荐“智能抠图”小程序和稿定设计 App 两款抠图工具。

1. “智能抠图”微信小程序的使用方法

第一步：打开微信，搜索“智能抠图”小程序。

第二步：选择“自动抠图”功能。

第三步：进入上传图片界面，拍照或从手机相册选择您想要抠图的照片，图片的背景就被自动抠除了，点击右下角的保存按钮，处理好的图片就保留在您的手机里了。图 2-1-37 附上了鼠标抠图前后的对比照。

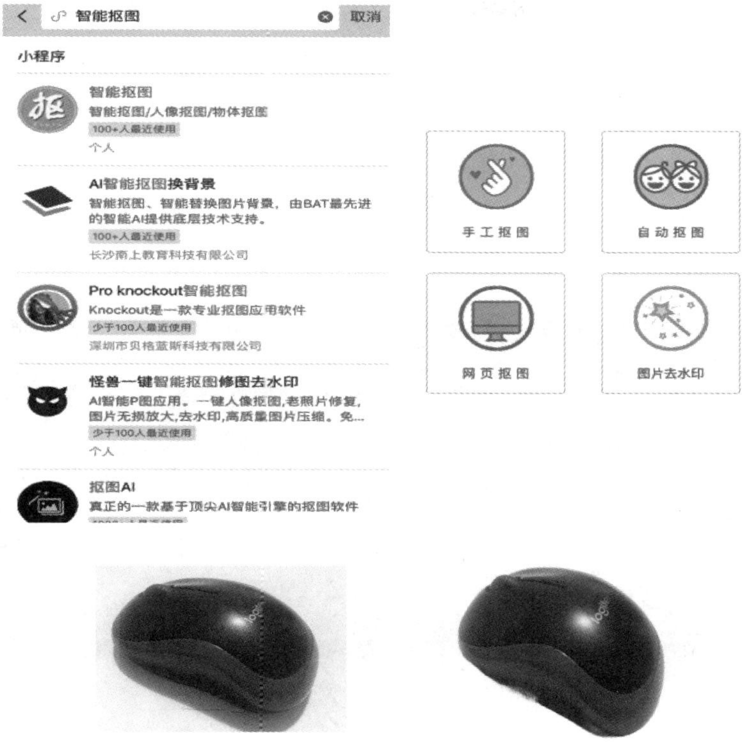

图 2-1-37　智能抠图小程序截图

2. 稿定设计 App 的使用方法

如果对抠图的要求较高，推荐教师使用稿定设计 App 进行智能抠图。

第一步：在手机上下载稿定设计 App，进行注册和登录。

第二步：登录后，左下角有“智能抠图”选项，按步骤操作即可。

图 2-1-38 为稿定设计抠图后的前后对比照。大家会发现，它对细节的处理更精致，前面我们提到的“智能抠图”小程序的优势是无须安装和注册，所以教师可以按需进行选择。

图 2-1-38　稿定设计 App 截图

扫码查看《稿定设计制作图片海报》微课操作。

(三)动图资源的获取与利用

Soogif 是动图资源网站，教师既能检索丰富有趣的动图资源，又能在线制作动图，一举两得。

图 2-1-39　Soogif 网页截图

(四)矢量图及高清图片的获取与利用

PNG All 是一款国外的矢量图库，教师需要用英文关键词进行检索，网址是 http://www.pngall.com/，如图 2-1-40 所示。

图 2-1-40　PNG A11 网页截图

Unsplash 是一个英文网站，内含各种类型的高清大图，图片精美，富有艺术感，能带给我们一场视觉盛宴，网址是：https：//unsplash. com/，如图 2-1-41 所示。

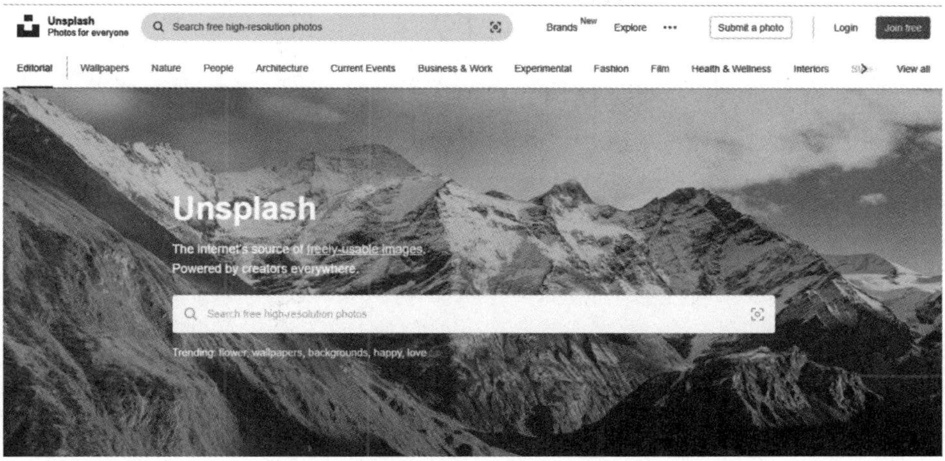

图 2-1-41 Unsplash 网页截图

Pixabay 是一个英文网站，但支持中文关键词检索，操作方便、快捷。该网站综合性比较强，兼备矢量图、视频等多种资源，网址是 https：//pixabay. com/，如图 2-1-42 所示。

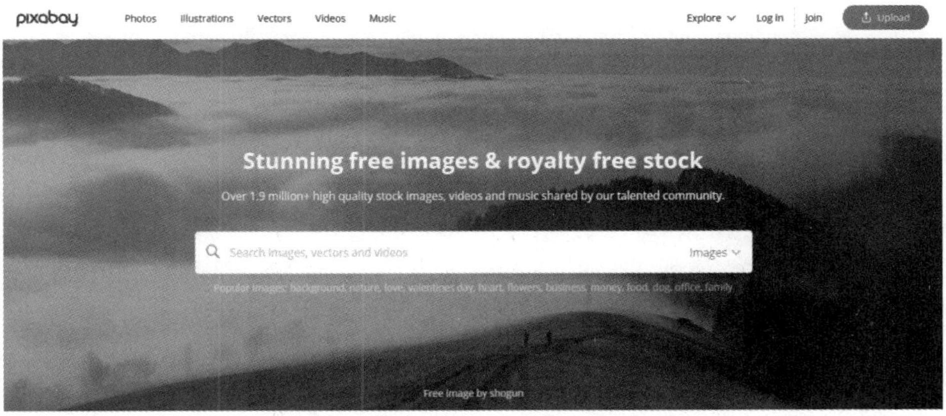

图 2-1-42 Pixabay 网页截图

四、英语音频资源的获取与应用

音频有如下几种常见格式：mp3、wma、wav、midi、ra、rma。了解这些音频格式，便于我们存储音频资源。当音频格式与文件之间出现不兼容时，可以使用“格式工厂”进行转换。本书将介绍三种音频资源的获取和应用的方法，如图 2-1-43 所示。

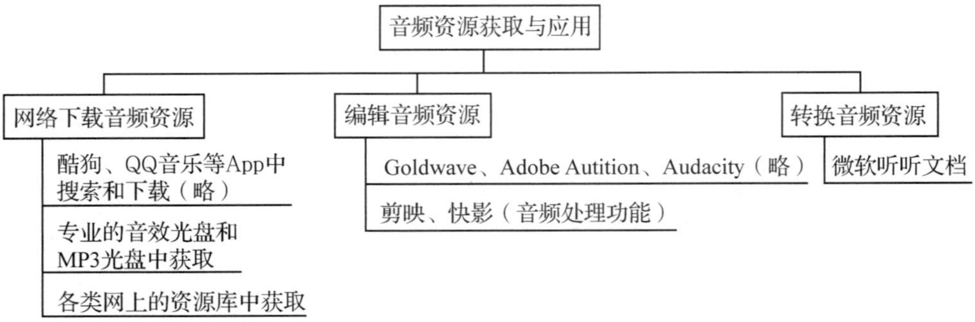

图 2-1-43　音频资源获取与应用

(一)网络下载音频资源

①在酷狗、酷我、QQ 音乐、百度音乐、网易云音乐等 App 中搜索、下载所需音频资源。

②从专业的音效素材光盘或 MP3 素材光盘中获取背景音乐和效果音乐。

③在教学资源库中查找，如在教育专题网站中可以找到小学英语教材的听力资源。

④从课件中获取，大多数课件的声音文件存放在 WAV 文件夹中，从该文件夹中可以找到所需的音频资源。

(二)编辑音频资源

常用的音频处理软件有 Goldwave 和 Adobe Audition。两款软件对比下来，Goldwave 更偏向于大众，Adobe Audition 更专业化。如果教师需要处理音频资源时，可以考虑从 Goldwave 入门。

还有诸如快影、剪映、票圈 App 等，这些 App 都具备一定的音频编辑功能，如音乐、音效、提取音乐、录音、分割、变速、音量、智能配音等功能，能满足教师的部分需求。

(三)转换音频资源

接下来，本书将介绍微软听听文档的自动配音功能，使文字秒变音频。微软听听文档是由微软中国 Office 365 团队出品的一款微信小程序。接下来，我们将介绍用该小程序将公众号的文章秒变音频微课的方法。

如有位教师在新东方小学英语公众号上看到一篇题为《1 个方法！在家就能提升孩子的英语听说能力!》文章，老师觉得文章很不错，想推荐给学生，但学生不喜欢看太长的文字，有些字也不认识，那就可以用我们的微软听听文档的自动配音功能。

操作方法如下：教师找到这篇文章，点击右上角的三个小点“...”，就会出现一个小菜单，点击复制链接，然后退出公众号，进入微软听听文档小程序，如图2-1-44 所示。

微软听听文档的底部，有一个创建按钮，点击创建按钮，然后点击复制公众号链接(自动配音)按钮，就会发现小程序已经自动抓取之前的链接。教师可以根据需要，选择主播的声音，点击开始制作，将那篇文章变成音频，然后点击发布就可以分享到微信群等，让学生及家长收听。

图 2-1-44　微软听听文档的操作截图

五、英语视频资源的获取与应用

在日常的英语教学中，教师适时运用视频资源，能为我们的课堂增色不少。简单地说，连续的画面叫作视频。常用的视频格式有影像文件：avi、mov、 mpg；流式视频文件：wmv、asf、flv、rm。了解这些视频格式，便于我们存储和使用视频。本书将介绍三种获取视频资源的方式，帮助教师快速掌握视频资源获取与应用的技能。

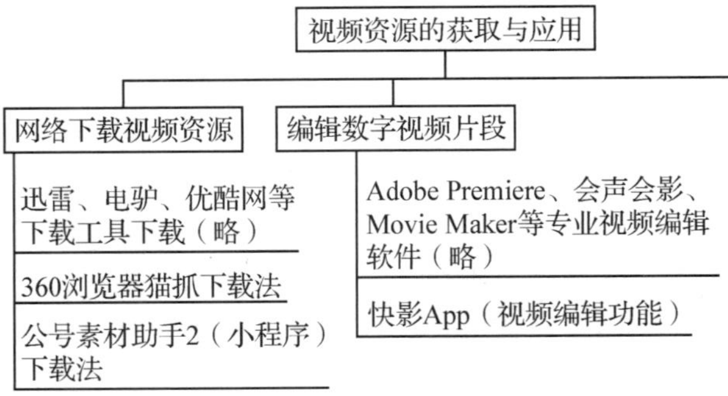

图 2-1-45　视频资源的获取与应用

(一)网络下载视频资源

本书为大家推荐哔哩哔哩视频下载器 1.4.7.6、ApowerSoft 视频下载王、稞麦综合视频站下载器这三款视频下载软件。这三款软件大家只需下载安装好后，复制想要下载的视频地址，粘贴到软件的地址粘贴栏，就会出现下载按钮，点击下载即可。

下面将详细介绍两款极简视频下载方法。电脑端推荐 360 浏览器的猫抓下载法；移动端推荐公号素材助手 2 视频下载法和 QQ 浏览器下载法。

1. 360 浏览器猫抓插件下载

360 极速浏览器和 360 安全浏览器都可以下载猫抓插件，我们以 360 安全浏览器为例。

第一步：打开 360 安全浏览器右上角的扩展中心，然后点击添加。

第二步：搜索猫抓插件，并进行安装，安装成功后，360 浏览器右上角会出现猫抓这个插件，如图 2-1-46、图 2-1-47 所示。

图 2-1-46　360 浏览器的扩展中心截图

图 2-1-47　猫抓搜索截图

第三步：下载成功后，我们就可以用猫抓来下载视频了。以下载学习强国的视频为例：在 360 浏览器中搜索并打开学习强国官网，学习电视台里面有很多视频。假如英语教师想下载电台中二年级英语的视频，则点击该视频，如图 2-1-48 所示。

图 2-1-48　猫抓下载资源截图 1

你将发现猫抓那里出现了一个“1”字，标明它抓取到了这个视频。

图 2-1-49　猫抓下载资源截图 2

点击“猫抓”，就会出现如下界面，如图 2-1-50 所示。

图 2-1-50　猫抓下载资源截图 3

点击该链接，页面跳转到教师熟悉的下载界面，选择下载路径，点击“下载”即可，如图 2-1-51 所示。

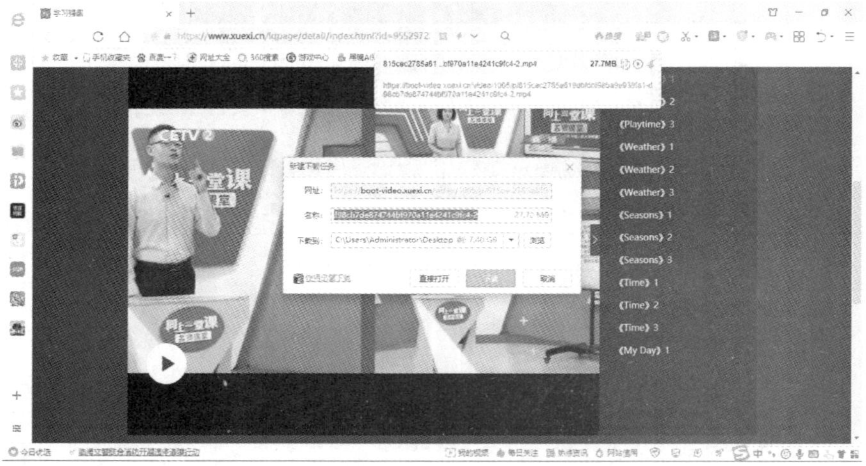

图 2-1-51　猫抓下载资源截图 4

2. 公号素材助手 2

这个方法可以帮助教师一键下载图片、音频和视频。下面以王子微课程里的视频为例。

第一步：打开微信，搜索王子微课程公众号，打开文章《极简小妙招，让你的卡通人物说话》这篇文章，点击右上角的三个小点，出现一个菜单，点击“复制”按钮，然后退出公众号。

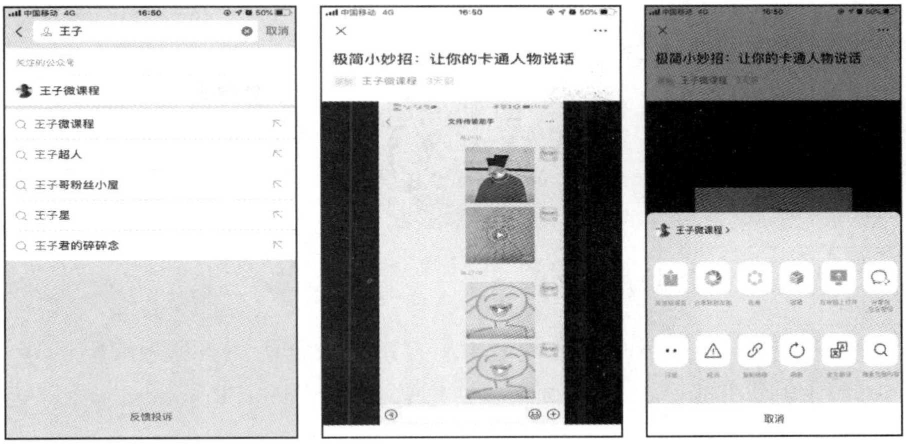

图 2-1-52　公号素材助手 2 微信小程序截图 1

第二步：在微信中搜索小程序“公号素材助手 2”。点击“公号素材助手 2”，我们会发现小程序已经自动抓取了您之前复制的链接，点击“确定”选项，就会出现获取界面。

第三步：点击“获取”，然后就会发现获取到了图片 2 张、视频 4 个。点击“视频”选项，就会出现下载视频按钮，再点击就可以将该视频下载到手机中了。若想通过电脑下载，点击下方的“复制此播放地址”即可，如图 2-1-53 所示。

图 2-1-53　公号素材助手 2 微信小程序截图 2

扫描下方二维码查看《公号素材助手 2 下载法》微课操作。

还有一种极简下载视频的方法就是利用手机端的 QQ 浏览器进行下载，扫描下方二维码查看《QQ 浏览器下载法》微课操作。

(二)编辑数字视频片段

我们发现很多视频资源需进行编辑后方可为教学所用。视频编辑可分为采集、编辑和输出三部分。常用的视频处理软件有 Adobe Premiere、会声会影、Movie Maker。

如果电脑使用的是 Windows XP 操作系统，那就已经拥有一款免费且简单易用的视频编辑软件 Movie Maker。会声会影定位于普通用户，它将专业视频编辑软件中的复杂操作转换成几个简单的功能模块，相比 Movie Maker 来说，操作更容易一些。Adobe Premiere 定位于中高端商业用户，操作相对复杂。教师如有比较专业的视频编辑需求，本书推荐会声会影；如果是简单的视频剪辑需求，本书推荐快影、剪映等 App。

(三)软件录屏

常用的录屏软件有 Camtasia Studio、超级捕快、超级录屏、Wink，以及 360 浏览器的录屏等。

本书给大家推荐 360 浏览器的录屏功能，如我们在 360 浏览器搜索一个英语学习视频，这个视频的右上角会出现一个录制小视频的按钮，如图 2-1-54 所示。

图 2-1-54　360 浏览器录屏功能截图 1

点击该按钮，会出现图 2-1-55 的录制视频界面，点击中间的红色按钮进行录制。

图 2-1-55　360 浏览器录屏功能截图 2

当录完你所需的视频片段后，点击中间的红色按钮，弹出图 2-1-56 界面，然后保存即可。大家可以看到在电脑桌面的左边，该视频已经被录制下来。

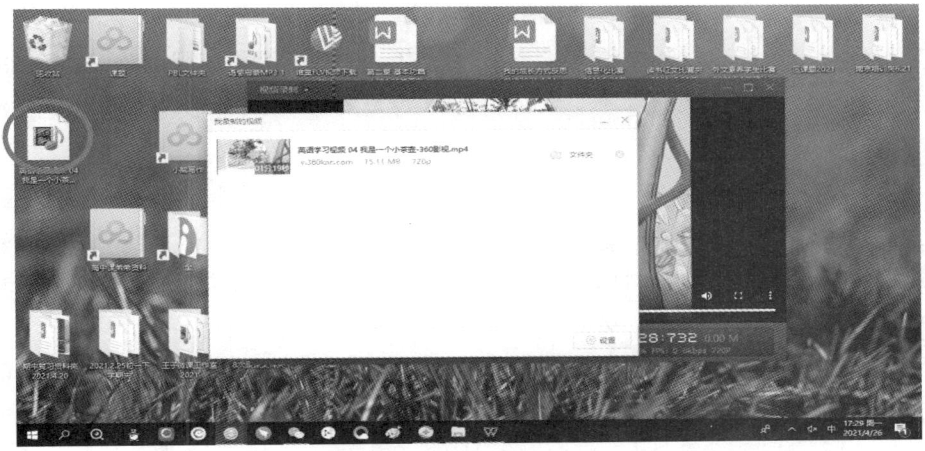

图 2-1-56　360 浏览器录屏功能截图 3

扫描下方二维码查看《360 浏览器录制视频》微课操作。

六、英语动画资源的获取与应用

在教学中，教师可以利用动画对不易表现的现象进行模拟演示，以增强课件的视觉效果，激发学生的学习兴趣。常见的动画格式有 gif 动画格式、swf 动画格式。

现在更受教师喜爱的是 H5 技术，可以通俗地理解为“移动的 PPT”(黎加厚教授最先提出)，这是一种网页技术，教师在移动端和电脑端都能操作。对于动画资源，教师可以通过两种方法获得。

方法一：网络下载动画资源，如 Flash Get 软件；方法二：动画制作工具开发，如 Flash，3DsMax，Autodesk Maya 等软件。

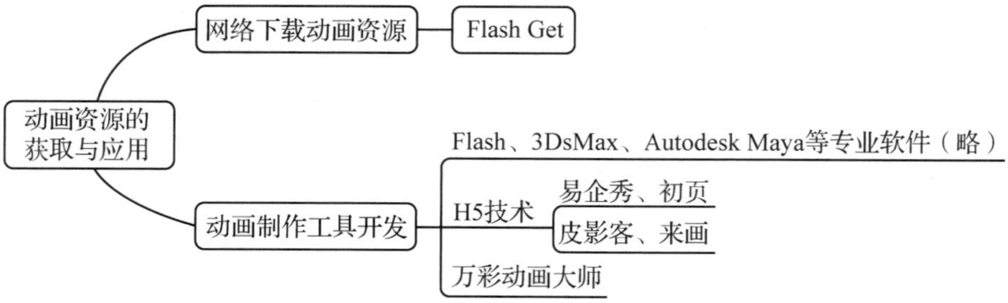

图 2-1-57　动画资源的获取与应用

基于极简的易学理念，本书会给大家推荐一些下载动画资源的专题网站。如果是移动端下载的话，如初页、易企秀、皮皮动画、来画、皮影客等 App。如果是电脑端下载的话，如万彩手影大师、万彩动画大师等 App 都能制作动画资源。接下来介绍易企秀、初页和万彩动画大师的使用方法。

在手机上下载易企秀 App，完成注册、登录。打开易企秀，如图 2-1-58 所示，最下方有“+”号按钮，会出现如下界面。点击“拼图拼视频”按钮，假如教师想和学生分享自己的五一假期生活，作为第一节课的课前导入，那么教师可以选择相关图片，最下方有相应的模板，如果效果满意，点击“保存”即可。

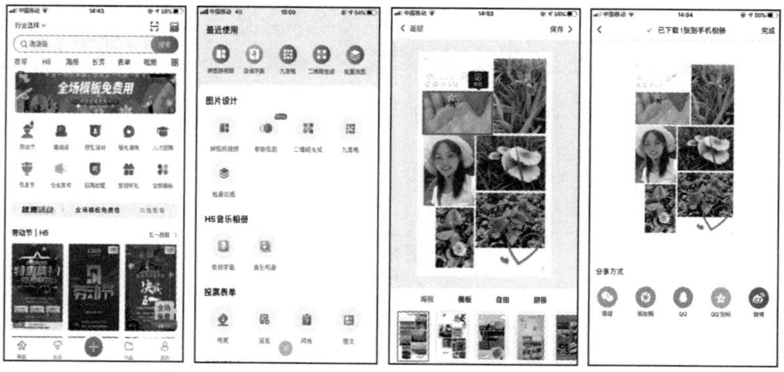

图 2-1-58　易企秀 App 截图 1

接下来，我们介绍初页 App 的使用方法。在手机上下载初页 App，并完成注册、登录。打开初页，界面如图 2-1-59 所示。点击最下方的“+”号，进入相册界面。假如教师想做一个有关美食的音乐相册，作为食物课的课前导入或食物单词练习环节的使用，则可从该页面挑选所需的食物图片。图 2-1-59③的右边有一个

“去编辑”按钮，点击进入，就可以对图片、文字等进行调整。当达到满意的效果后，点击右下角的“保存”，即可生成音乐相册。

① ② ③ ④

图 2-1-59 易企秀 App 截图 2

如果教师使用的是电脑，本书向大家推荐万彩动画大师，网址是 http://www.animiz.cn/，官网会提供使用入门教程，教师可根据自身需求，进行动手实践。

万彩动画大师页面的底部有友情链接，大家如果需要使用 Focusky 动画演示大师，点击进入即可，先学再用，如图 2-1-60 所示。

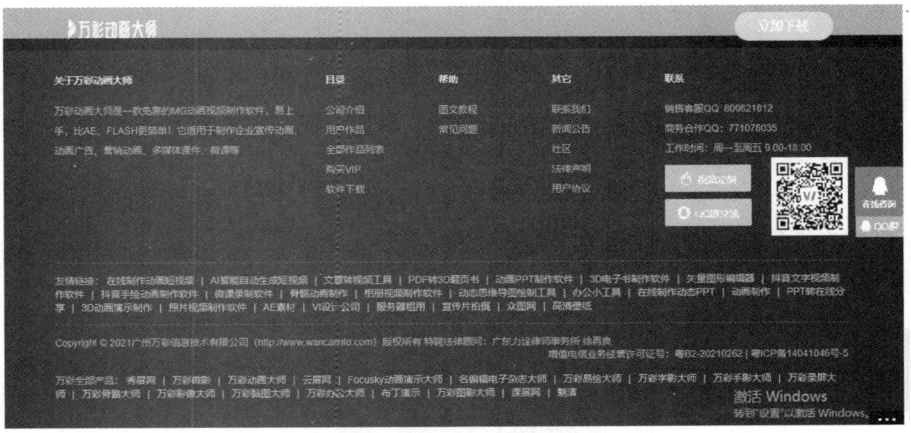

图 2-1-60 万彩动画大师截图

第二节

基本功二：移动微课资源的设计与制作

一、极简移动微课产生的背景

移动互联网时代，微课能够为所有希望获取知识的人提供碎片化、移动化的学习新体验。科学、合理、恰当地利用各种教育技术创建微课资源，在一定程度上能提高学生的英语学习能力。

(一)微课学习的常见问题

虽然微课在国内的英语教学中呈现出“燎原之势”，但是因为技术应用、信息素养、资源收集整理等方面的问题，给我们一线英语教师带来了很大挑战。如果您想设计一个微课用于常态教学，一般要花多长时间？设计微课和制作微课哪个花时间更长？请大家带着问题填写问卷，看看你和其他小伙伴是不是一样？

趣味问卷小程序

从问卷调查的结果来看，我们会发现，绝大多数英语教师都会花至少半天的时间设计和制作微课，究其原因主要有以下三点。

一是开发技术上，教师利用电脑制作微课时费时费力，而微课作品却没有真正在课堂内外使用起来，不得不让人“扼腕痛惜”。

二是开发内容上，微课最大的价值在于让碎片化的微课形成体系，成为重新建构起来的系统化的微课程，这才是微课发展的方向。而目前面对堆积如山的、杂乱无章的微课，不能不让人“望洋兴叹”。

三是微课应用上，微课在开发后，却常被束之高阁，未见实效。很多时候，虽然解决了开发技术和内容问题，但是如果开发后的英语微课不能在学生、教师及家长之间分享、流动起来，就不会得到充分利用，也就不能体现其资源的价值。这就要求在英语微课的技术推广中，在使用、反馈与交流、大数据收集与整理等方面也要注入足够的精力，解决微课应用这“最后 100 米”的问题。

(二)移动学习催生极简移动微课

全媒体时代的到来使得全息媒体通过图文、视频、AR 等方式将资源进行多元传播。尤其是智能手机和平板电脑等移动设备的普及，使学习者随时随地可以学习。因此，当微课遇到移动学习后，极简移动微课就“应运而生”。

教师制作英语微课不再局限于专业的动画制作软件，而是通过智能手机和平板电脑等移动设备，只需 2～3 分钟就能制作极简英语移动微课进行学习并分享，实现优质教育教学资源的快速流动。极简英语移动微课将会因自身的简便、快捷、可操作性强、便于进行程序化学习而成为未来必不可少的学习资源。

二、极简英语移动微课

(一)极简移动微课的定义

所谓“极简移动微课”，是指在移动互联网的基础上，立足学校教育和学生实际，从教育教学的重点、难点切入，利用我们的移动终端(智能手机、平板电脑等设备)用图文、音频、视频、文字等技术制作的移动学习资源。它操作简便、便于进行大数据分析、易于在移动终端进行分享。它是融合了教育(学习)资源、教育(教学)素材、教育(教学)案例的重要学习资源，其资源集导学单、PC 端微课、微测试、评价反馈于一体，融合了微视频、图文、音频、文字等各种元素。移动微课这一新生的移动学习资源，对于加快推进区域“信息技术与教育教学”的深度融合起到了重要作用。

(二) 极简移动微课的特点

1. 技术简单，容易上手

使用如易企秀、初页等 App 的 H5 技术；使用快影、剪映的视频类 App 技术；使用荔枝 FM、喜马拉雅 FM 等音频类 App 技术。这些移动微课的制作方法使教师不用电脑就能制作视频类、音频类和 H5 类的微课，而且可以通过微信群和 QQ 群迅速分享给家长和学生；教师还可以运用“问卷星”制作以图文为主的英语课前反馈和课后总结类微课。

运用以上每一项技术制作微课都只需 1～5 分钟，这大大减轻了教师制作微课的负担。

2. 分享方便，融会贯通

极简移动微课的优点是分享方便、及时、快捷。每一项移动微课技术都可以通过班级微信群和 QQ 群一键分享给每一个家长和学生。如易企秀 App，我们不仅能使用易企业 App 制作 PPT 微课，而且还能通过电脑端将微课链接到移动端。教师可以随时将 PC 端微课链接到移动微课中，将碎片微课进行系统、序列整合。同时，融合二维码技术将“问卷星”的数据收集功能进行整合，就可让极简移动微课向纵深发展。

3. 及时有效的反馈

传统电脑端微课的资源整理也是让人头疼的问题，每次除了整理微视频之外，还需要费时费力地将微导学、微测试、微反馈进行整理。但是通过易企秀制作的移动微课能将“导学单”“电脑端微课”“微测试”“微反馈”整合到一个移动微课中。家长与学生共同观看了移动微课之后，就能在手机终端提交作业或提出疑问，教师和家长可随时通过手机查看数据反馈，尤其教师还能将数据通过电脑以报告单的形式输出，为教师及时调整教学提供数据支持。

（三）极简移动微课的分类

极简移动微课的技术极简、制作极简、应用极简、分享极简，笔者倡导使用者聚焦应用。我们根据移动微课的特点进行以下分类。

1. 从作用方面进行划分

根据极简移动微课在教育教学中所起的作用，我们可以将极简移动微课分为管理类微课、教研类微课、学习类微课和核心素养类微课。

管理类微课，就是学校(幼儿园)的管理者、班主任、教研组长、备课组长、年级组长等根据工作需要对资源进行管理而制作的移动微课，主要用于学校管理与培训、学校宣传、班级管理与培训、安全教育、后勤管理等方面。

教研类微课是专注于学校教研活动，助力教师专业成长而制作的微课资源。一般来说，由区域或学校的教研员、特级教师、学科带头人、骨干教师等有一定理论和实践能力的教师制作，主要用于区域教研活动、学校可视化校本课程开发、教师专业成长等，是帮助教师进行专业成长的系列微课程。

学习类微课是为学生自主学习和个性化学习而量身定做的微课。与传统微课不一样的是，由于技术极简，移动微课的制作已经由教师制作扩展到由家长和学生共同参与制作，并参与互联网学习与分享，营造“教育＋互联网”的新生态。

核心素养类微课是专注于学生个性化学习的特色微课资源。这是基于“建构主义”理论和杜威的“做中学”理论，践行陶行知先生的“小先生制”的新的学习模式。信息时代的学生可以通过极简移动技术制作微课，从而自主建构知识体系，在行动中让各学科的“核心素养”落地。

2. 从技术方面进行划分

根据极简移动微课的技术手段，我们可以将移动微课分为视频类微课、音频类微课、图文类微课、H5 类微课和其他微课 5 大类。笔者认为，极简移动微课作为微型的教育教学资源，能创新应用在学校教学、翻转课堂、教育培训、德育研究、校本课程开发、后勤管理等方面。在制作微课时，我们可根据不同的需求，选择图文、音频、视频、动画等元素和现在流行的 H5(手机网页技术)等来制作。这样的微课比起单纯的视频微课更有不同凡响的视觉冲击与学习效果，在可视化学习中起着非常重要的作用。

三、视频类极简英语移动微课制作

(一)通过 App 制作极简英语微课

笔者在进行了大量同类软件测评后，向大家推荐剪映、快影、票圈视频这三款 App。由于制作方式大同小异，接下来则重点介绍快影 App 的操作方法。

1. 快影 App 简介

快影是北京快手科技有限公司旗下一款简单易用的视频拍摄、剪辑和制作工具。

2. 快影 App 的操作步骤

首先，在手机中下载快影 App。打开快影后，点击页面上的全功能讲解，了解和学习使用快影的方法和步骤。

其次，点击快影上的“剪辑”按钮，然后在手机上选择想剪辑的视频，进入图 2-2-1 的界面。

图 2-2-1　快影 App 截图 1

如图 2-2-2 所示，截图下方有很多功能键，如分割、变速、背景、画中画、动画、删除等，向左滑动，你会发现更多功能，教师可以根据需要进行选择和使用。最下方还有素材、调整、音效、字幕等功能键，如点开音效，就会出现视频原声、音乐、快手收藏、音效、智能配音、配音功能。如果教师想给这段视频加入背景音乐，则只需点击“音乐”按钮，假如教师喜欢这首音乐，点击“使用该音乐”即可。

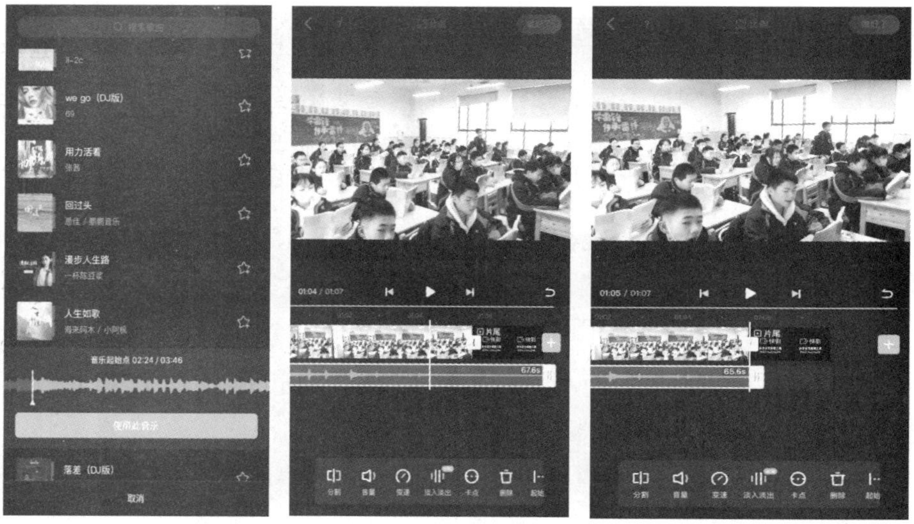

图 2-2-2　快影 App 截图 2

我们还需检查一下，音乐的时长和视频时长是否匹配。如果拖动音乐条到视频的最后，发现音乐时间偏长。此时，只需按住音乐的尾端控制条，拖回到跟视频齐平的地方即可。细心的教师会发现，快影会自动匹配片尾，如果您不喜欢，点击“片尾”，然后删除即可。接下来如果需要对声音的大小做进一步调整，点击“声音条”。如果您想调整背景音乐的大小，则点击音量，滑动音量调到您满意的数值就可以了。

如果教师想为该视频添加字幕，则点击字幕按钮，然后会出现语音转字幕、加字幕和文字贴纸 3 个选项。我们以加字幕为例，点击加字幕会出现一个添加字幕的文本框，如图 2-2-3 所示。

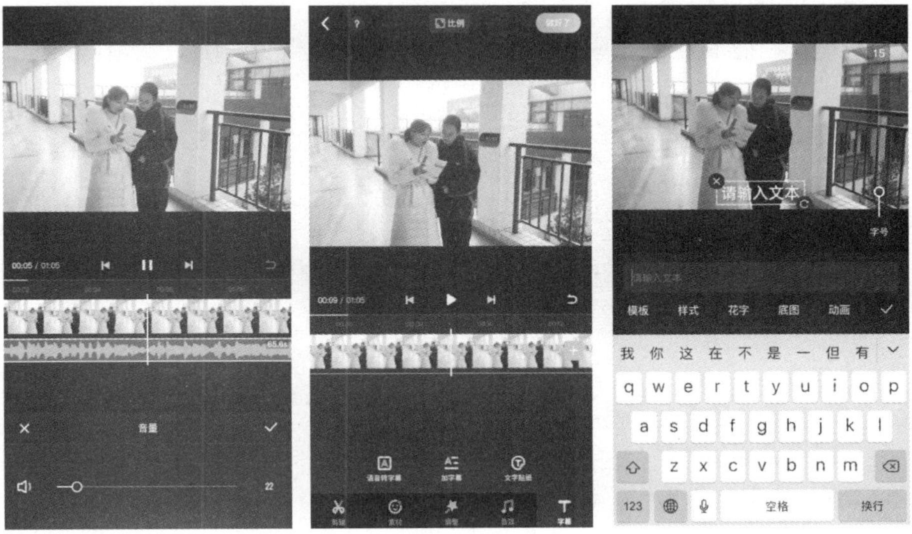

图 2-2-3　快影 App 截图 3

如我们根据该视频内容，输入“晨光熹微，英语带读”，如果想要调整字幕的颜色、样式等，就在下方选择即可，如图 2-2-4 所示。最后要注意：字幕也需要像音乐一样拖动它出现的时长，确定已经是自己想要的效果了，则点击导出。

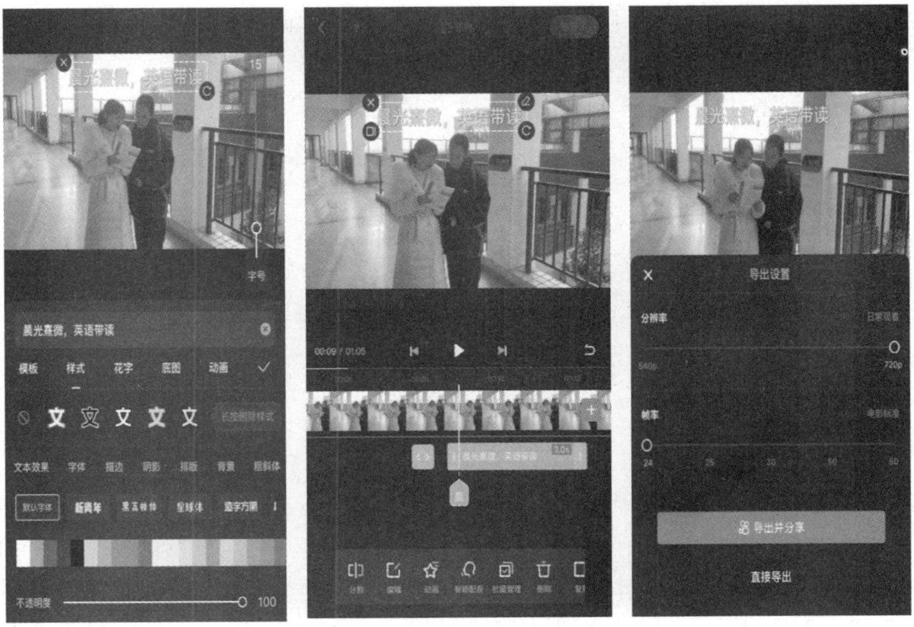

图 2-2-4　快影 App 截图 4

快影的功能还有很多，教师先了解学习，然后动手实操，多做几次就能熟练进行简单的视频编辑了，完成后导出即可。接下来为各位英语教师介绍剪映 App 极简制作微视频的小妙招，第一个妙招是利用剪映 App 的抠像功能，将人物抠除并与选取好的素材进行融合；第二个妙招是将图文快速地用 App 中人工智能的功能制作“有图、有背景音乐、有解说”的微视频。

妙招一：扫描下方二维码查看《剪映：画中画制作微视频》微课操作。

妙招二：扫描下方二维码查看《剪映：图文成片制作微视频》微课操作。

3. 利用“快影”“小影”等 App 制作视频

“教育必须为社会主义现代化建设服务、为人民服务，必须与生产劳动和社会实践相结合，培养德智体美劳全面发展的社会主义建设者和接班人。”作为从事教育的我们该培养什么样的人？这的确是一个发人深省的问题。2015 年 5 月 22 日，习近平在致国际教育信息化大会的贺信中也提出：当今世界，科技进步日新月异，互联网、云计算、大数据等现代信息技术深刻改变着人类的思维、生产、生活、学习方式，深刻展示了世界发展的前景。信息技术的发展，推动了教育变革和创新，构建网络化、数字化、个性化、终身化的教育体系，建设“人人皆学、处处能学、时时可学”的学习型社会，培养大批创新人才，是人类共同面临的重大课题。

请大家扫码查看八岁邹昊格的成长过程，看看能否触动你呢？

邹昊格小网红“移动微码”

11 岁的邹昊格，已经利用智能手机制作并发布了 1000 多个网络视频微课和音频微课。邹昊格参加 2017 年第四届中国教育创新年会时，讲了他利用互联网和智能手机进行学习的方法。他当天的演讲稿，是他拿着手机口述，然后转成文字的；他的日记，是用手机录的 vlog；他的很多课外学习，是通过手机上的移动微课进行的；他通过识字游戏认识了大量的汉字；他用手机参加速算盒子 App 的速算比赛，一个多月做了 7000 多道速算题；他复习知识的方法，是将知识点讲述一遍，用视频录下来发到网上。录课使他获得了很多认可和点赞，在成绩提高的同时也锻炼了他的表达能力……这是信息时代的学习“新姿势”，也是信息时代我们需要培养的学习典范。

昊格的学习方式，是株洲市天元区整体推进“活力课堂＋互联网”区域课改的典型成果。这样的学习“新姿势”带给我们怎样的思考呢？

智能化、信息化是时代的大势所趋。这个时代的教学已经从单向输出变成了多维交互，信息时代的学习与生活不可能与网络完全隔绝。如何让互联网与教育深度融合，是当前教育工作者急需解决的问题。

广州中山大学现代教育技术研究所副所长王竹立教授表示，智能手机是“互联网＋教育”的“第一入口”。笔者及其研究团队带领湖南省株洲市天元区的中小学教师开展利用智能手机进行教学的研究。自 2015 年起，天元区就在全区范围内逐步推广智能手机服务教育教学的课程改革行动。我们鼓励教师下载免费的 App，关注微信小程序和微信公众平台，同时教师对家长、学生进行培训，使家长和学生掌握至少一种移动微课的制作方法，并应用到我们的常态教育教学和家庭教育中。

改变思维，巧用智能手机。处在信息化的时代，作为教育工作者，我们没有理由不去掌握信息技术工具的使用方法。

在互联网时代，智能手机能做什么？我们不妨用“智能手机＋”的思维来看看。

智能手机＋购物：京东、淘宝、拼多多；

智能手机＋银行：支付宝、微信支付；

智能手机＋餐饮：饿了么、美团外卖；

智能手机＋学习：看直播，双师课堂；

智能手机＋复习：为孩子录课，让孩子自己讲解知识点；

……

智能手机改变了我们学习、生活的方式，这些“黑科技”不仅吸引着成年人，也深深地影响着信息时代的学生。家长要改变思维，拥抱新技术，全面了解智能手机新技术，巧妙利用技术来为我所用。

最新认知心理学研究也表明：“提取式学习”是最高效的学习方式，而表达自己对知识的理解，就是一种典型的提取式学习。教师制作微课是“讲解”，对学生来说是“信息输入”；而学生制作微课则是“表达”，对学生来说是“信息输出”。

教师、家长、学生都可以用手机来制作移动微课，学校将这些微课作品进行展示，让学生观看微课作品，学习视频内容，比较自己和同学的作品，形成竞争氛围，从而制作更多更好的微课作品。这样学生就可以在微课制作中通过知识的不断输入和输出，完成高效的学习。

作为家长，要懂得让孩子学会利用互联网学习。家长可以让孩子参与录课、直播，并在家长的监控下使用智能手机，培养孩子的表达能力、演讲能力、逻辑思维能力等。不要视手机、网络为洪水猛兽，“要让稻田不长野草的最好办法是种上庄稼”，当家长和学生都用手机来学习时，玩游戏的频率也就减少了。

家长要做好表率，既要做合理、适度使用智能手机的垂范者，也要在家庭教育中多陪伴孩子，做孩子心理健康发展与性格养成的良师益友。孩子的行为习惯与父母的自控自律直接相关，家长以身作则，与孩子同步学习，就是对孩子的最好教育。

互联网时代已经到来，我们不妨换一种姿势“玩手机”。换的是思维方式，其实说到底是尊重教育的本质，顺势而为。

4. 视频类App极简制作微课工具推荐

表2-2-1是关于如何制作微课的App推荐，有了这些App，教师制作视频就方便多了。

表2-2-1 视频类App极简制作微课工具

类型	极简教学工具	使用建议及说明
App	快影、小影	进行视频拍摄和微课编辑，达到电脑视频编辑的绝大多数功能。
	剪映、抖音	利用剪映、抖音的模板进行视频拍摄和制作，这样效果很好。 剪映的“一键成片”“图文成片”功能可以快速生成视频。
	票圈视频	利用卡点视频、图文生成视频等功能，快速生成微视频。
	XRecorder	能将PPT文件导入有真人出镜的视频录制中。

(二)利用微信小程序制作极简英语微课

在进行了大量的同类软件测评后，笔者向大家推荐手绘微课Pro、一键秀、小年糕+这三个微信小程序。因手绘微课Pro很适合用于知识点的讲解，接下来重点介绍手绘微课Pro和一键秀的操作方法。

1. 极简移动微课制作：手绘微课pro

在微信中搜索手绘微课Pro小程序并打开，如图2-2-5所示。点击中间的“+”号，进入上传照片的界面，假如英语教师想给学生讲解like to do / like doing的区别，则可以写好句型，然后拍照上传，点击下方的“从3张照片开始录制”就会进入录制界面，教师就可以开始讲解了。

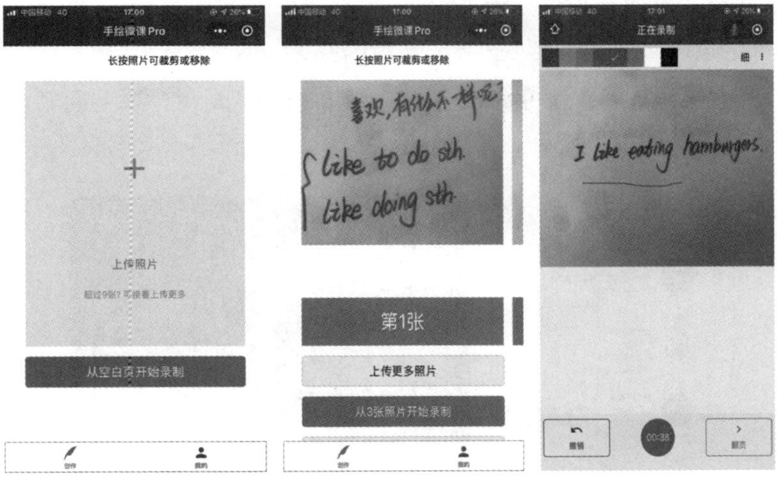

图 2-2-5 手绘微课 Pro 微信小程序界面 1

一张讲完之后，点击翻页，然后选择切至下个背景，就可以继续讲解了。在讲解每一张时，教师都可以写字、画线，上方有颜色条，可供教师选择，且点击右上角的三个竖点，还可以插入视频。当教师讲解完这个微课后，点击发布，即可将微课发送到群或者生成微课卡片，如果想要下载该视频，则申请云端导出即可。(该小程序不确保立马导出视频，所以教师可合理安排时间)

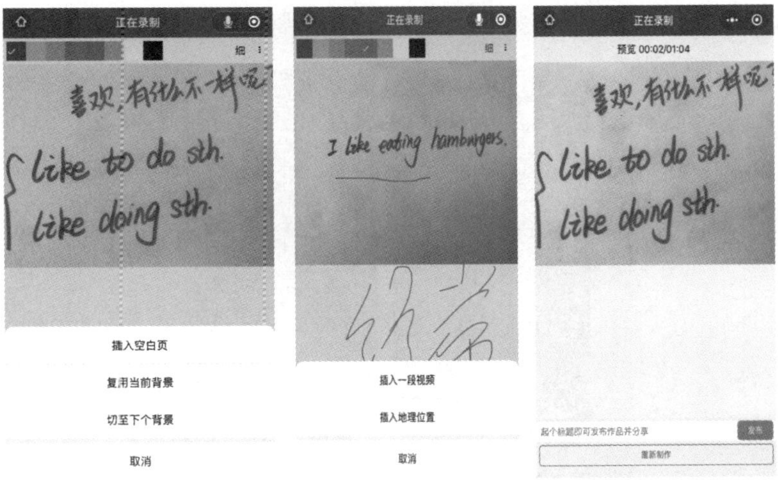

图 2-2-6 手绘微课 Pro 微信小程序界面 2

扫描下方二维码查看《手绘微课 Pro 操作教程》微课操作。

2. 极简移动微课制作：一键秀

在微信中搜索一键秀小程序，打开界面如图 2-2-7 所示。点击效果，就可以上传照片。假设教师想对学生讲解 flower 这个单词，可以上传一张花的照片，点击保存。

图 2-2-7　一键秀 Pro 微信小程序截图 1

然后点击“按住说话”，教师就可以开始讲解，小程序会自动进行语音识别，并将语音转成文字，和图片一起生成视频。视频时长为 15 秒，非常适合小知识点的讲解。教师可以看到有改字的界面，就是当语音与文字不一致时，教师可以手动修改和调整格式，如图 2-2-8 所示。当效果达到教师满意后，点击“下载”即可。

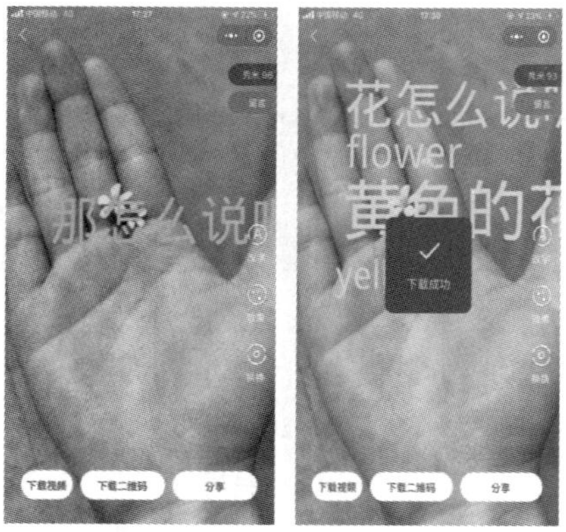

图 2-2-8　一键秀 Pro 微信小程序截图 2

扫描下方二维码查看《“一键秀”操作视频》微课操作。

3. 微信小程序极简视频制作工具推荐

表 2-2-2 是关于如何制作视频的微信小程序介绍，有了这些极简工具，教师制作视频就方便多了。

表 2-2-2　微信小程序的视频制作工具

类型	极简教学工具	使用建议及说明
微信小程序	一键秀	极简制作微视频，说话即可生成视频。
	手绘微课 Pro	录制英语错题讲解或语法讲解类的微课时，可以即拍即录，操作非常方便。
其他小程序	微软听听文档	让学生将喜欢的英语短文转成视频，进行听力或朗读训练。
	讯飞语记 讯飞快读	让学生口述英语短对话或小作文，软件会将口述秒变文字，培养学生由说到写的英语转换能力。
	小年糕＋	一款根据提供的免费模板进行微视频制作的小程序。
	速绘微课	一款能将 PPT 导入就能录制微课的极简小程序。

（三）利用微信公众号制作极简微课

1. 极简移动微课制作：爱美刻

第一步：打开微信，在公众号中搜索“爱美刻”。

第二步：打开爱美刻，进入图 2-2-9 界面图②。点击最下方的“我的视频”。

第三步：进入图 2-2-9 图③界面。在图③界面，点击“创建视频”，进入图 2-2-10 界面。

①　　②　　③

图 2-2-9　公众号爱美刻截图 1

第四步：在图 2-2-10 界面图①，选择一个喜欢的模板，点击免费试做，就会出现上传素材、文字编辑等功能，按步骤操作即可。图②是已经处理好的界面，三张图分别配了中英文，加了一个主题文字。如果微课制作已经达到了教师想要的效果，点击制作，就会出现图③的微课，3 分钟之内，教师就能制作介绍食物的英语微课。

① ② ③

图 2-2-10 公众号爱美刻截图 2

扫描下方二维码查看《“爱美刻”操作视频》微课操作。

2. 微信公众号制作微视频极简工具推荐

表 2-2-3 是关于制作微视频的极简工具推荐，教师可根据自身需要进行选择。

表 2-2-3 微信公众号制作微视频极简工具

类型	极简教学工具	使用建议及说明
微信公众号	爱美刻	识别公众号，即可依据模板进行制作。 下载视频时，可以使用手机版“QQ 浏览器”进行视频免费下载（下载的视频带“爱美刻”水印）。
	PPTclass	无须下载，只需关注微信公众号就可以制作 PPT、录制微课，实现师生交互、设备联动、资源共享、智能测评等互动教学。

扫描下方二维码查看《“PPTclass”操作视频》微课操作。

四、图文类极简英语微课制作 >>>>>>>>

图文类微课制作

微课作为一种极简的微型教育教学资源，其呈现方式是多种多样的。知识的碎片颗粒度越小，微课呈现的方式就越简单。图文移动微课借助极简技术，将那些颗粒度极小的知识点用图文并茂的方式呈现，会起到意想不到的效果。

1. 纯图文的极简图文微课

对一些需要记忆和理解的知识点而言，纯图文的微课是最受学习者欢迎的。在教学中我们发现，无论哪个学科都有一些枯燥的概念和公式需要学生强记和理解。这正是许多师生所困扰的地方。对于教师而言，运用纯图文的方式进行简单设计，便能以“可视化”的方式，让学生在趣味中记住知识点。

我们可以根据知识点将图文微课划分成纯文字和纯图文两种形式。如下面这个案例，关于人称代词的简单使用规则，就可以编辑成这样的纯文字微课：

你用 am，我用 are，is 用在他她它，复数名字全用 are。

一个类似于“顺口溜”的纯文字微课，就在这样的趣味识记中完成了。不需要图片解释，让学习者自己去想象，完成知识点的内化与记忆。当你看到这个“顺口溜”时，相信你也会很快在脑海中记住这个有趣的文字微课，而且很难忘记吧。

Tips：大家可以在微信中搜索“小学英语顺口溜”，从而搜索到更多纯文字微课。(极简搜索方法详见本章第一节)

再来看一个介词案例，在教学当中，我们发现理解介词的各种用法是很困难的，而且介词之间的用法很容易记混，我们可以设计成如图 2-2-11 的图文微课。

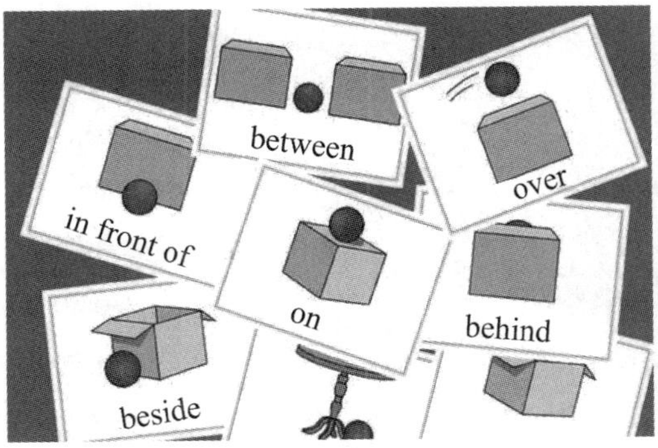

图 2-2-11 英语图文微课截图

2. 思维导图

教育教学的核心是发展学生的思维，思维本身是无法被看到的，而思维导图能让隐性思维显性化。思维导图作为可视化的学习工具，历来受到教研人员和一线教师的热捧。思维导图的制作过程就是知识重新建构的过程，是有效的学习方式和教学方式。到底什么是思维导图呢？思维导图是一个舶来品，英文名为 Mind Map 或者 Thinking Map。它由美国大脑先生东尼·博赞首创，20 世纪 80 年代进入中国，是表达发射性思维的有效图形思维工具。简言之，它简单却又极其有效，是一种革命性的思维工具。本书将“思维导图”的成果纳入“图文微课”资源，它使苦涩的单词、语法等知识逻辑清晰，让重点知识一目了然，还能帮助减少记忆负担。

在美国等西方国家的课堂，教师习惯运用“思维导图”帮助学生进行思考，培养他们的逻辑思维能力、写作能力，开启学生大脑的无限潜力。在国外，还出现了思维导图的一些其他形式，如“锚图”“泡泡图”等多样形式，下面为大家介绍思维导图在小学英语课堂教学中的主要应用。

一是帮助学生系统记忆单词，如图 2-2-12 所示。

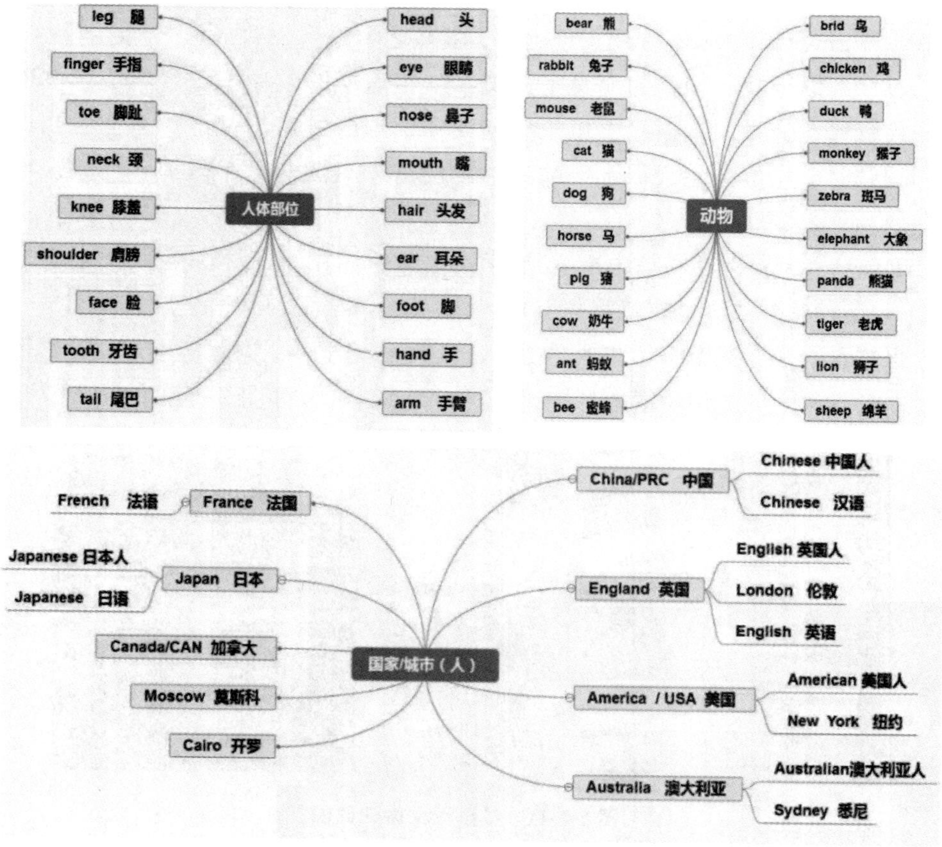

图 2-2-12 系统记忆单词的思维导图截图

二是帮助学生梳理语法体系，如图 2-2-13 所示。

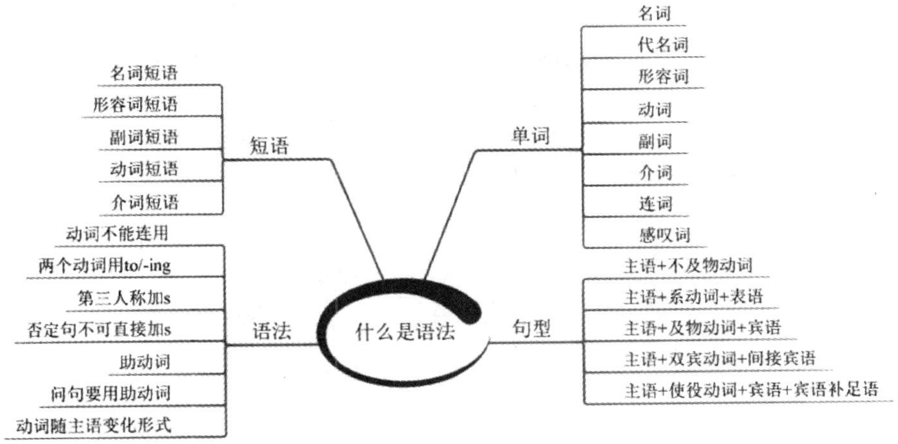

图 2-2-13　系统梳理语法的思维导图截图

三是帮助学生利用自然拼读或词根进行识记或重难点突破，如图 2-2-14 所示。

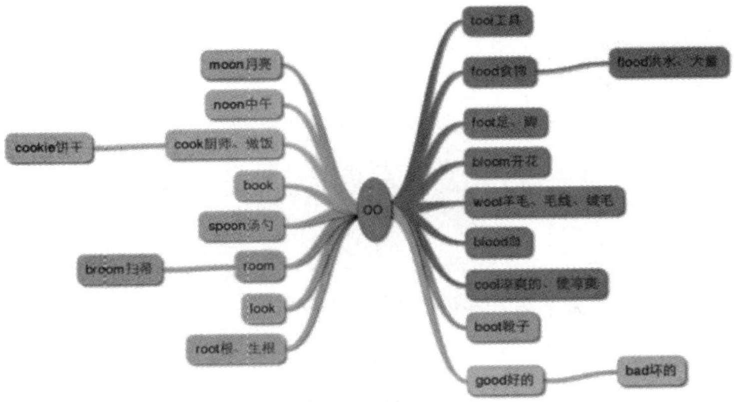

图 2-2-14　重难点突破的思维导图截图

下面为大家推荐制作思维导图的极简技术工具。

(1)微信公众平台：ZhiMap

ZhiMap 的特点：

极简、免费！无须下载安装，微信登录就可马上使用；

体验爽、功能丰富强大！支持文本编辑、插入图片、插入数学公式、创建文件夹、修改颜色、markdown 备注、导出高清图片……

多人实时协作！邀请其他人协作编辑同一个导图，导图数据秒级同步，大家可实时看到对方的修改过程。

ZhiMap 的操作方法：

第一步：搜索 ZhiMap 公众号，并关注，如图 2-2-15 所示。

图 2-2-15　公众号 ZhiMap 截图 1

第二步：登录 ZhiMap，进入我的视图，如图 2-2-16 所示。

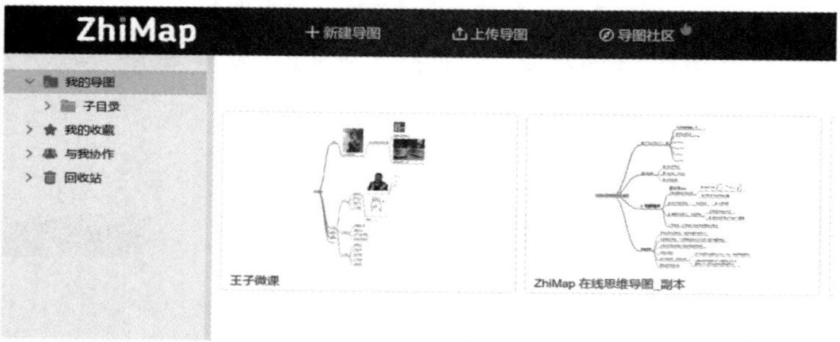

图 2-2-16　公众号 ZhiMap 截图 2

第三步：点击底部"+"，根据提示开始创作，最后保存为 PNG 格式的图片。

扫描下方二维码查看《"ZhiMap"操作视频》微课操作。

(2)制作思维导图的图文微课极简技术工具推荐

表 2-2-4 是关于制作思维导图的极简工具推荐，教师可根据自身需要进行选择。

表 2-2-4　制作思维导图的极简工具

类型	极简教学工具	使用建议及说明
App	幕布	一款高效、极简的思维导图工具，与电脑网页版结合使用效果更佳。
微信公众号	ZhiMap	一款能制作极简思维导图的微信公众号。
微信小程序	ProcessOn	ProcessOn 是一个在线作图工具的聚合平台，小程序版更加极简好用。
	MindLine	MindLine 秉承极简原则，可以帮助制作思维导图。

续表

类型	极简教学工具	使用建议及说明
电脑端	希沃白板 5	自带的思维导图工具，方便好用。
	WPS、PPT	自带的思维导图工具，方便好用。
	Xmind	一个全功能的思维导图和头脑风暴软件，可有效提升工作效率。
其他技术	Bubbl. us	Bubbl. us 是一款在线生成思维导图的网站。

3. 动图

说到动图，大家可能不太熟悉，如果笔者告诉你，在微信中你看到的可以反复播放的搞笑表情包，你是不是就秒懂了呢？你不禁会惊讶，那不是视频或动画吗？其实，它只是一张图片，是 gif 格式的图片。这样可以反复播放的图片，在教学中是非常有价值的资源。把所记忆的内容连续重复学习或间隔一定时间后，再重复学习一次，经过多次重复，才能形成永久性记忆，而恰好动图的特点就是无限循环，而且极具可视化的视觉冲击，这对于我们制作图文微课是非常有效的。

技术推荐：电脑端可以采用 QQ 影音来制作动图，手机端可以下载制作动图的 App。

五、H5 类英语移动微课制作

大多数教师的微课都是用电脑制作的，然而笔者所在的学校却另辟蹊径，在“活力课堂＋互联网”的课改实践中，广泛采用“智能手机＋各种 App”的方式录制移动微课。这种方式大大降低了师生录制微课的技术门槛和时间成本，为师生由“关注技术”向“关注内容”的转变提供了极为有利的条件，有力地促进了信息技术与教育教学的深度融合。

H5 类移动微课技术

H5 是指第 5 代 HTML 语言，也指用 H5 语言制作的一切数字产品。所谓的 HTML5 技术语言是一种专门在移动设备使用的应用超文本标记语言，也是万维网 2014 年公布的核心技术语言。下面以初页 App 为例，介绍制作移动微课的具体操作与应用。

1.“初页”App 简介

只需到应用市场或搜索引擎中搜索“初页”即可找到、下载并安装。初页 App 可以制作“卡片式微课”。如以下所示的二维码，就是笔者用初页 App 制作的初页教程。

2. 移动微课制作流程

第一步，点击 App 底部的“+”号(如图 2-2-17①)，选择一张照片上传。

① ② ③

图 2-2-17 选择模板界面

第二步，针对上传的照片，选择不同的模板。初页的强大之处就在于模板样式丰富，可以满足大多数人的需要。

第三步，点击“+”号新添加一页，接着选择左下角的“换模板”，然后重复之前的操作步骤即可，如图 2-2-17③所示。

初页更强大的功能在于：在每个模板编辑界面，除了可以简单修改模板内容外，还可以通过点击右下角“+”，向卡片中添加录音、视频链接等——这与电脑上操作 PPT 的步骤相似。

当我们希望预览效果时，只需点击如图 2-2-17③下方的红色播放按钮即可。预览成功后，点击“发布”按钮，这个卡片式微课就完成了！整个操作非常简单，几分钟就可以完成。

正是由于操作简单、易于分享且有实用性，因此笔者所在的株洲市天元区，有很多教师使用初页等 H5 技术 App 制作移动微课。

3. 利用“接龙”功能，制作交互式微课

初页功能之强大和实用，体现在“接龙”功能上。学会这个极简技术，每天只需要花 3～5 分钟就可以制作一个“卡片式微课”。

用初页制作的“交互式微课”

与只能单向传递信息的视频类微课不同，教师可以在卡片式微课中提出几个小问题，让学生以文字或照片的方式回答问题，并通过“接龙”的方式上传到微课，这极大提高了预习的效果和学生预习的兴趣。这就是初页的“接龙”功能，它使得单向信息传递的微课，转变成为“交互式”的微课。

“初页”接龙功能的具体操作如图 2-2-18。

① ②

图 2-2-18 用初页制作的“交互式微课”

在“初页”首界面，点击右上角的“放大镜”图标(如图 2-2-18①所示)，然后选择“接龙”模板即可(如图 2-2-18②所示)，其余操作同上。

当使用“接龙”模板的卡片式微课发布之后，其他用户即可在微课后以“卡片接龙”的形式，添加用户自己制作的卡片(如学生提交自己的答案)。

4. 利用“点一点”功能，叠加视频类微课

通过初页制作的微课是简单的图片＋文字的形式，比起精心制作的视频讲解类微课来说，信息承载量比较低。而通过初页“点一点”的功能，就可以将其他类型的移动微课巧妙地链接到这个作品中。

5. H5 类移动微课制作极简技术工具推荐

表 2-2-5 是关于制作移动微课的极简工具推荐，教师可根据自身需要进行选择。

表 2-2-5　H5 类移动微课制作极简工具

类型	极简教学工具	使用建议及说明
App	初页、易企秀	利用免费模板制作类似 PPT 的效果。
	翼展、MAKA	
	PP 匠	导入 PPT 就能制作出 H5 效果的微课程。
	速绘微课	

扫描下方二维码查看《“速绘微课”操作视频》微课操作。

六、用人工智能“降维创作力”制作极简微课

关于“人工智能微课制作”这一板块，基于对各种 App、小程序、公众号、网页等出现的最新 AI 智能技术在教学领域的应用进行筛选过后，本书为大家推荐讯飞快读小程序的语音转视频功能、剪映的图文成片功能和抠图功能、票圈视频(电脑端)的智能微课功能、黑镜 AI 短视频的生成功能。(配合思维导图)

(一)人工智能“降维创作力”微课制作

“降维创作力”微课制作法源于“降维打击”一词。降维打击，出自中国科幻作家刘慈欣的经典作品《三体》一书，是指外星人使用“二向箔”将太阳系由三维空间降至二维空间的一种攻击方式。受到启发，本书从教师信息素养亟待解决的微课制作问题方面，借助“人工智能”的极简教育技术实现微课降维制作，让微课制作变得轻松、高效，使教师在几分钟内完成各类微课资源的制作与创建。

(二)人工智能微课制作工具的介绍

1. 讯飞快读视频生成法

讯飞快读是科大讯飞旗下的文字转语音工具。接下来将为大家介绍如何操作

使用这款工具。

第一步：打开微信搜索“讯飞快读”小程序，进入图 2-2-19①界面。

第二步：点击进入第二个功能“粘贴/输入文字”。这个功能既能将文字转语音，也能转视频，操作非常方便。如图 2-2-19②所示，复制粘贴这段文字到讯飞快读当中，进入图 2-2-19③界面。

① ② ③

图 2-2-19　讯飞快读小程序 1

第三步：如图 2-2-20①所示，我们可以在下方选朗读员、背景音、音量大小等，然后点击“朗读文字”。

第四步：如图 2-2-20②所示，图下方有分享、长图、视频、MP3 等功能，我们选择视频功能，视频就生成了。

① ② ③

图 2-2-20　讯飞快读小程序 2

扫描下方二维码查看《“讯飞快读”操作视频》微课操作。

2. 剪映图文成片制作法

剪映是抖音官方推出的一款手机视频编辑工具，可用于手机端短视频、电脑端视频的剪辑制作和发布。接下来为大家介绍剪映的图文成片制作法。

第一步：打开剪映 App 主界面。

第二步：找到“图文成片”功能。

第三步：找到“粘贴输入文字”。将提前准备好的英语文案导入，如英语名词的用法。微课设计的脚本如下：

(1)名词分为可数名词和不可数名词。不可数名词——数不清(没有复数)，例如。

drink/milk/tea/water/orange/juice/coke/coffee/porridge/food/rice/bread/meat/fish/fruit/cake/dumplings

(2)可数名词单数前面加不定冠词 a(an)，表示一个，有复数形式，表示复数概念，不可数名词不能与不定冠词 a(an)连用，没有复数形式。many“很多”+可数名词复数，much“很多”/a little“一点”+不可数名词 some，any，a lot of (lots of)。

(3)可数名词可以直接用数词来修饰。不可数名词表示数量时需要用“数词 +量词 +of + 名词”。对可数名词的数量提问用 how many，对不可数名词的数量提问用 how much。

(4)不可数名词的量有以下两种表示方法。① some，much，a little，a lot of，a bit of，plenty of。②注意既可以与可数名词复数，又可以与不可数名词连用的短语和单词有：plenty of，some，a lot of，lots of，most of 等。例如：

There is much water in the bottle.

I'll tell you much good news.

We should collect some useful information.

图 2-2-21　剪映图文成片制作

第四步：点击“生成视频”。剪映将会根据文案的内容逐句在互联网寻找合适的图片或动图进行匹配，最后生成带有背景音乐和语音朗读的视频。

英语人工智能微课

扫描上方二维码，查看我们制作的《英语介词 in 和 on 的区别》微课。

3. 票圈视频(App、电脑端)制作法

票圈视频是一款简单易用且功能强大的视频编辑软件。视频制作支持电脑端和手机端，支持快速合并、文字语音智能朗读、自动智能匹配素材。接下来为大家介绍票圈视频的制作方法。

第一步：打开“票圈视频 App”主界面。

第二步：找到“图文生成视频”功能。

第三步：将事先准备的文案逐句导入，如图 2-2-22 所示，点击“配音录音”，生成人工智能的语音，点击“选择使用”，既可以使用人工智能语音，还可以手机录制自己的声音进行添加。

第四步：点击“添加图片视频”。搜索相关关键字，在线查找与文字匹配的图片、动图或视频，选择并确认使用。

图 2-2-22　票圈视频 App 制作微课

第五步：点击“+”，新建一张幻灯片，重复第三步和第四步，点击添加背景音乐，然后点击预览与总览。

第六步：合成视频，生成作品。

扫描下方二维码查看《“票圈视频”(手机端)操作视频》微课操作。

扫描下方二维码查看《“票圈视频”(电脑端)操作视频》微课操作。

4. 黑镜(快幕)AI 短视频制作法

黑镜(快幕)AvatarWorks，是厦门黑镜科技有限公司产品，是一款专注于人工智能的高科技公司，网址是 http://anchor.avatarworks.com/。接下来为大家介绍黑镜 AI 短视频的制作方法。

第一步：打开电脑浏览器，输入网址，进入黑镜官网，然后注册账号。

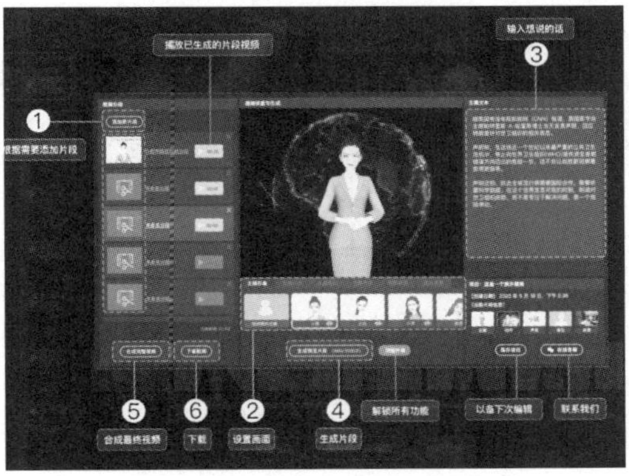

图 2-2-23　黑镜快幕制作界面截图

第二步：选择一个卡通人物，设置身位、远近景等。

第三步：输入文字，点击预览。

第四步：合成高清效果。

剪映的图文成片功能和抠图功能、票圈(电脑端)的智能微课功能，黑镜 AI 短视频生成功能在王子微课程的公众号中都有详细的视频教程和解说。只要大家采用微信号内搜索的办法，即可获得相应的微课制作方法。

需要注意的是，剪映需更新到最新版本才具有图文成片功能，且图文成片功能暂时只支持今日头条文章的链接。但技术的更新迭代是很快的，后期或许会有更多功能。票圈的智能微课在电脑端操作更方便，黑镜 AI 短视频生成是在网页端，需注册会员才能使用。

5. 人工智能极简制作微课工具推荐

表 2-2-6 是关于使用人工智能制作微课的极简工具推荐，教师可根据自身需要进行选择。

表 2-2-6　人工智能极简制作微课工具

类型	极简教学工具	使用建议及说明
App	快影	通过快影的图文成片功能制作微课。
	票圈视频	卡点视频、图文生成视频等功能方便快速生成微视频。
	剪映、抖音	剪映的“一键成片”“图文成片”功能可以快速生成视频。
	快幕(黑幕)	导入文字和图片，自动生成微视频(免费功能可生成 1 分钟微视频)。
	百度大摘(VidPress)	导入文字和图片，自动生成微视频。(高级功能，需申请)
	UMU 互动	导入文本，自动生成有动画人物的视频。(高级功能，需申请)
小程序	微软听听文档	导入链接，识别图文，自动生成视频。
	讯飞快读	拍摄图片，识别文字，自动生成语音或视频。

第三节

基本功三：二维码的制作与应用

下面请大家拿起你的智能手机，扫描以下二维码，你是否知道这些二维码在小学英语教学中的作用？

趣味二维码

下面这个二维码的用途是什么，你能猜出来吗？扫描下方二维码，请告诉我你的答案吧。

互动二维码，扫描回答问题

这些二维码到底有什么用途？它在我们的小学英语教学中有什么神奇的作用呢？

一、走进二维码

二维码的制作技术简单，应用范围广泛，能够为英语教师带来更多教学帮助，同时也能够帮助学生深度了解知识，方便其进行个性化学习和自主探究。

二维码究竟是什么？请扫描下方二维码来看看二维码的“前世今生”吧！

二维码的“前世今世”

二维码具有储存各种信息、网址、名片、文本信息和特定代码的功能，起到“桥接”的作用，是链接现实和虚拟之间的一座“桥梁”。应用二维码可以实现教学信息分享、师生及家长之间的零距离互动、优化学校内部管理、促进学科教学发展、加强家校沟通互动。

二、二维码的极简制作方法

如何快速把网上的资料变成二维码？其实非常简单，只需要在电脑上装上火狐浏览器(firefox)，就可制作二维码。通过火狐浏览器，可以把网上所有文件、拓展阅读、国外的教学资料等转成二维码，传到家长的微信群或 QQ 群，从而实现英语教学资源的快速分享。下面给大家介绍二维码制作的三种极简小妙招。

(一)用“草料二维码”生成二维码(图文、文件等)

1. 工具介绍

草料二维码生成器是一家专业二维码在线服务平台。“草料”即“喂马草料”，指为二维码提供资源，其专注于提供二维码生成、美化、管理等相关服务。其生成码的数量占全国总生成码数量的 80%以上，在不同行业、不同领域、不同场景下提供全方位的解决方案与服务。

草料二维码生成器支持文本、图片、文件、音视频等多种格式的免费建码，尤其是“活码”功能，能够在二维码图案不变的条件下随时对内容进行修改。

2. 操作步骤

第一步：百度搜索草料二维码生成器官网：https：//cli. im/。

第二步：根据需要将文本、图片、音频、视频、网址等信息上传，点击“生成二维码”即可，如图 2-3-1 所示。

图 2-3-1　草料二维码官网截图

第三步：点击下载，即可将二维码生成图片并进行美化。

(二)用“UMU 互动”App 生成二维码

1. 工具介绍

UMU 致力于通过移动互联网技术提升传统教育与培训的质量与体验，让讲师可以更好地与学员进行教学互动，让学员获得更好的学习体验和效率。UMU 团队中拥有着来自谷歌、腾讯、百度、360、DeNA 等互联网公司的产品与技术精英。他们对互联网产业的深刻理解，对用户需求的敏锐洞察，对未来趋势的智慧视角，让 UMU 产品以无缝的多屏体验和卓越技术水平而著称。

图 2-3-2　UMU 互动 App 截图

2. 操作步骤

第一步：在手机应用商店搜索“UMU 互动”并下载。电脑端可以登录 http：//www. umu. cn/进行操作。

第二步：手机端的话，点击底部“课程”，再点击“创建课程”。电脑端的话，点击顶部“我的课程”，再点击右上角“创建课程”，如图 2-3-3 所示。

图 2-3-3　UMU 互动手机端和电脑端截图

第三步：点击“添加课程小节”，选择“视频”“文档”等上传资源，如图 2-3-4 所示。

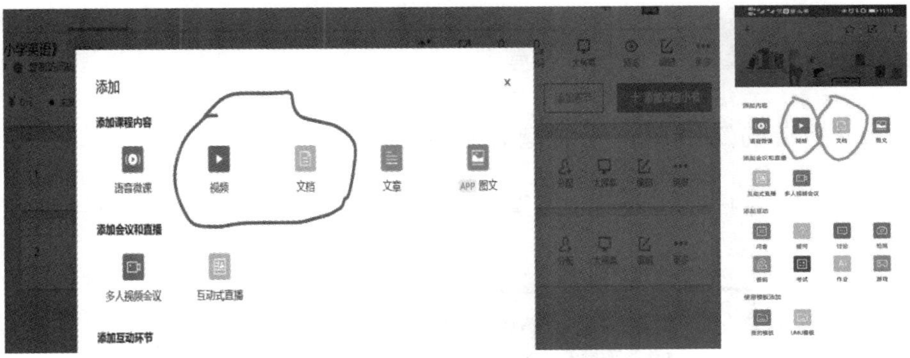

图 2-3-4　UMU 互动手机端和电脑端截图

第四步：点击“分享”，即可看到二维码下载。

(三)用极简技术工具(微信小程序)生成“活码”

1. 工具介绍

“极简技术工具”是一款由笔者所在的“王子微课工作室”团队原创的极简技术工具。什么是活码，简单地说，活码是二维码的高级形态，是相对于“一物一码”的静态码而言的。活码比普通二维码(静态码)更灵活，活码里面的资源是多种多样的，一个二维码里面可以有很多资源，而且同一个二维码图案可以变更不一样的内容，也就是说可以往“活码”里面不断更新内容，而不需要换二维码。

2. 操作步骤

第一步：扫码关注“极简技术工具”微信小程序。

极简技术工具微信小程序

第二步：进入小程序“极简智慧工具类”的“活码”；然后点击“新建任务”，输入二维码的名称，如“英语优秀作品”，点击确认新建。

第三步：在底部“对话框”输入文字、链接、图片、音视频等相关信息，点击右下角“＋”，即可发送。再点击“＋”，在底部点击“二维码”，即可下载二维码图片。

三、融合二维码的教学资源创新应用

大家听说过码课、码题和码书吗？这是基于二维码信息的存储与分享功能，可用于翻转课堂、个性化学习与辅导，是一种新的信息化应用形式。

（一）神奇的二维码，使课堂有趣互动

一张二维码到底有多神奇？课堂上你尝试过这样的课堂互动吗？请拿起手机扫码看看。

美国 Alshchool 课堂教学二维码

这是美国小学的一个课堂教学案例，孩子们用手中的电子设备扫描 Start 卡片上的二维码，就能找到一个有趣的问题：Find the sum of 3＋7；接下来，孩子们就需要计算出 3＋7＝10；马上就要扫描印有 10 的那张卡片的二维码，接着进行探索，最后看哪一个小组或个人先完成所有卡片的内容，是不是很好玩呢？

我们也可以把这样的“术之道”应用于自身的英语教学中，这就是网络时代英语课堂教学的生存之道。

(二)二维码序列资源，衔接课堂内外

一张二维码不仅能进行有趣的课堂互动，也可将海量用于英语教学的图片、文字、音视频等教学资源(微课、课件等)进行序列收纳存储。我们可以将二维码用于课堂互动，搜集数据分析学情，适时调整教学策略。下面将介绍 Plickers 在课堂使用的案例。

图 2-3-5　Plickers 课堂网络截图

Plickers 是一款免费 App，它是为教师提供用于快速收集学生课堂练习客观题答案的移动端产品。教师只需拿智能手机或者平板电脑轻松扫描学生二维码即可进行使用，使用时，学生根据教师提供的题目自行选择 ABCD。如一个班 45 人只需扫描 2 次即可把全部的数据轻松扫描到后台进行数据处理，并一键分享到家长和教师的手机微信客户端。这样即可获取学生的答题结果及答题情况分析，师生可以根据数据分析进行有针对性的讲解和研讨，提高教育教学的专业性。

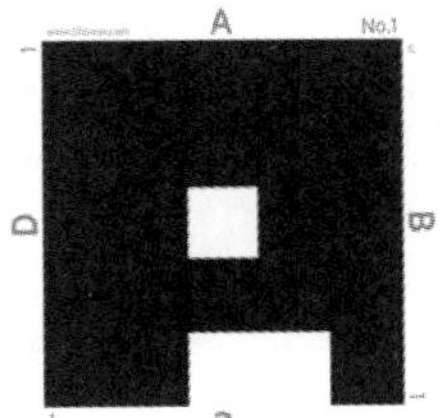

图 2-3-6　学生二维码

教师可在电脑和手机上直接查看学生的答题结果及答题情况分析，一方面教师可根据数据分析进行有针对性的讲解，另一方面，提问与答题的数据可以为教学的过程性评价提供依据。教师可以依据每个学生对课堂知识点的掌握情况实现课后个性化作业和练习。更为科学的是，每个学生的知识点掌握情况可以同步分享到家长微信客户端，实现家校的深度联系，便于家长随时掌握孩子每天的学习情况，从而有针对性地进行个性化辅导。(见第三章课堂讲授案例详解)

课后，教师可以把课堂所学知识进行整理后，制作成二维码，然后将二维码粘贴在英语课本上，使学生在家也能快速进行朗读、听写单词等；或者将二维码放置在课件上，作为补充材料让学生随时随地浏览，丰富教学内容。如把英语教材配套的 MP3 音频资料生成网址二维码，把英语易错题制作成微课程并生成二维码，打印给学生，贴在教材固定地方。

(三)二维码分层资源，兼顾个性化教育

我们可以将此前学过的用 App、微信小程序等制作的英语教学资源根据班级学情、学生年龄特点、学生对知识吸收的能力进行重新制作与整理(如制作码卡、码题)，并创造性地用于英语课内外教学，这样既能促进教育公平，也能兼顾个性化教育。

优化课堂教学，教师可以针对学情，根据知识点的难易程度自制二维码习题发给班级每个学生进行配套练习，真正做到面向全体学生。教师可根据不同层次学生的发展需要，整理难易程度不同、形式新颖的个性化作业，(比如口头作业、听力作业)。学生只需扫码观看微课程，就可以获取适合自己情况的知识和能力训练，这就是创新应用技术的因材施教。

(四)二维码资源整合，促成课堂翻转

在课前，学科教师结合自己的教学，搜集与教材配套的课前预学材料并生成二维码，把资源网址的二维码张贴于学生教材的目录空白处。这样学生、家长就可直接通过二维码，有计划地进行课前预学。课上可由教师设置项目问题，让学生带着问题进行合作学习，让学生成为课堂主体。课后教师再次推送二维码，供学生自主巩固课堂所学，这才是真正意义上的“翻转课堂”。如图 2-3-7 为株洲市天元区银海学校英语教研组研制的二维码在信息化环境下的课堂操作流程。

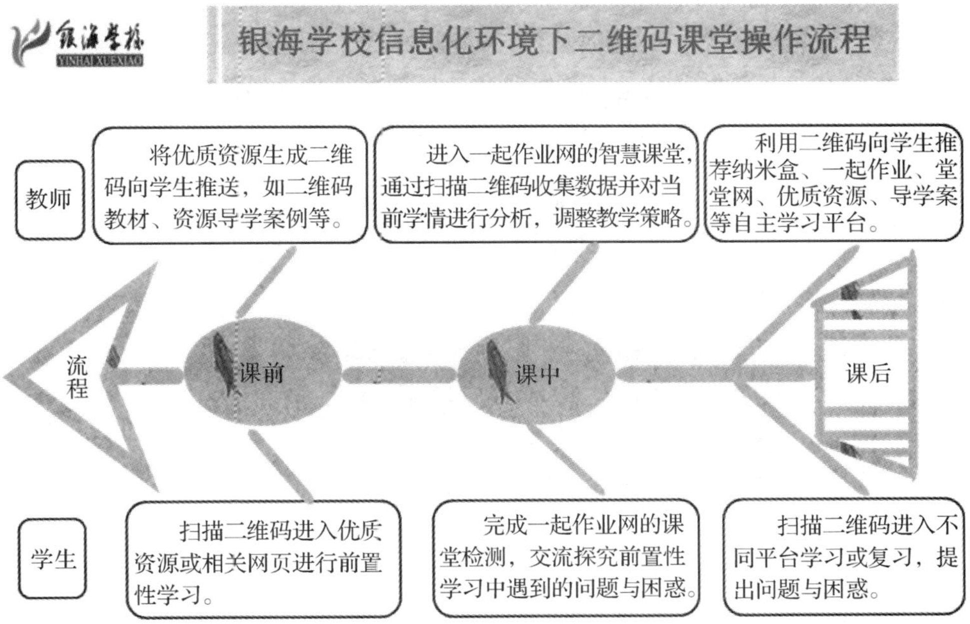

图 2-3-7　湖南省株洲市天元区银海学校二维码课堂操作流程图

【创新应用案例一】

①　　②

图 2-3-8　英语码课程

图 2-3-8①是利用极简小程序“手绘微课 pro”制作的关于介词 on 和 in 的使用方法的微课，并利用该程序自动生成的小程序码图片。

图 2-3-8②是利用极简技术“UMU 互动”App 制作的同系列的“小学英语绘本故事”微课程。大家扫码看看，是不是很方便呢？

【创新应用案例二】

运用二维码技术，将一些碎片的微课资源进行重新整理，成为序列的、有逻辑结构的课程资源，用于课前预学、课后巩固延学。

序列整理的英语课资源

(五)反馈英语课堂教学情况

通过制作二维码，进行在线英语听评课、试卷讲解与评价，进行答疑和作业批改等。

【创新应用案例三】

这是一份不需要教师讲解的试卷：码卷。

小学测试卷（码卷）

英　语

一	二	三	四	五	六	七	八	总分

一、按要求写出相应的单词。(10 分)

1、foot（复数）_______ 2、good（最高级）_______

3、they（形容词性物主代词）______ 4、sing（现在分词）______

5、first（基数词）_______ 6、do（第三人称形式）______

7、young（反义词）_______ 8、can not（缩写形式）___

9、go（过去式）_______ 10、this（对应词）______

二、单项选择。(10 分)

1、There's ______ apple tree in my garden. under ______ tree, there is ______ young man.

A.a, the, a B.an, a , the

C.an, the, the D.an, the, a

2、_____ is the young man? He is kate's brother

A.What B.Who

C.Which D.Where

3、Please _____ the door.

A.to open B.opening C.open

4、I _____ like the cat.

A.not B.do not C.does not

5、They _____ next week.

A.played football B.are playing football

C.are going to play football

6、Look! The baby _____.

A.drinks milk B.drinking milk

C.is drinking milk

7、_____ your sister like tea? No, she likes coffee.

A.do B.Is C.Does

8、He _____ many good friends in London.

A.there are B.have

C.has D.there is

9、What is the time?_____

A.It's half to seven.

B.B.It's at seven thirty.

C.It's half past seven.

D.It's an hour.

10、How did you get there?_____

A.At five B.Last week C.By taxi.

三、英汉互译。(10 分)

1、感冒____________ 2、go swimming__________

图 2-3-9　英语码卷

【创新应用案例四】

用问卷星/UMU 互动/极简技术工具制作听评课问卷。

在教研课开始前，我们在听课教室墙上张贴听评课二维码，或者在教师群发布评课二维码，号召听课教师在网上给授课教师提建议。扫描二维码后，教师的手机里是授课教师的教学设计和教学课件，教师纷纷参与到轻松“扫一扫”中，在网上填写建议和感受，完成网上评课，尤其是以无记名的方式在网上发表评课意见。而且上课的教师可以看到真实的评课建议，对每位教师都有帮助。

图 2-3-10 是使用极简技术工具进行线上听评课的截图，且可随时在线打印。

图 2-3-10　用极简技术工具制作听课码

以下网址链接都是采用极简技术工具进行听评课的案例，其中包括听评课表、上课图片、视频等资料。

第一节英语 http：//dwz. show/5fm。

第二节英语 http：//dwz. show/2sh。

第三节英语 http：//dwz. show/jj8。

第四节体育 http：//dwz. show/rs5。

第五节历史 http：//dwz. show/lyb。

如何使用极简技术工具进行听评课呢？关注王子微课程公众号，搜索《强烈推荐极简技术工具(汇总版)》这篇文章(如图 2-3-11 所示)，里面的听课评议表有教师录制的实用教程，可供大家使用和学习。

图 2-3-11　制作听评课工具

第三章 极简教育技术优化小学英语课堂教学之课堂教学与评价

课堂是教师的主阵地，开展启发式、探究式、合作式等多样教学形式，激发学生参与课堂教学活动的积极性，从而提高学习效率，确保课堂教学培育学生的学科核心素养。本章将为教师分享和讲解如何巧妙运用希沃白板5、UMU互动等极简教育交互技术来优化课堂的导入活动、讲授活动、活动组织、活动评价的教学活动环节，希望能给教师一些灵感和帮助。

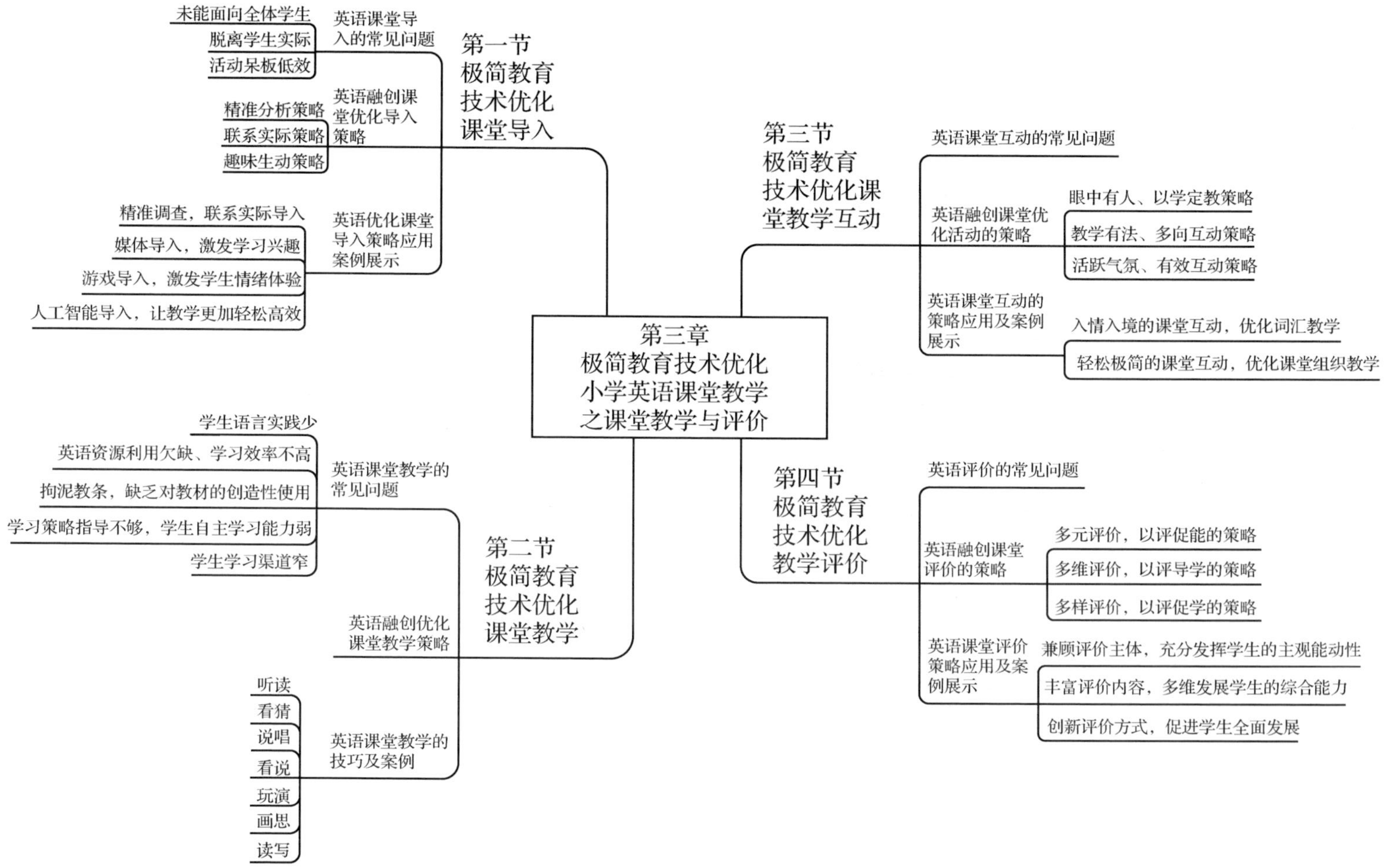
第三章
极简教育技术优化
小学英语课堂教学
之课堂教学与评价
第一节
极简教育
技术优化
课堂导入
英语课堂导入的常见问题
未能面向全体学生
脱离学生实际
活动呆板低效
英语融创课堂优化导入策略
精准分析策略
联系实际策略
趣味生动策略
英语优化课堂导入策略应用案例展示
精准调查，联系实际导入
媒体导入，激发学习兴趣
游戏导入，激发学生情绪体验
人工智能导入，让教学更加轻松高效
第二节
极简教育
技术优化
课堂教学
英语课堂教学的常见问题
学生语言实践少
英语资源利用欠缺、学习效率不高
拘泥教条，缺乏对教材的创造性使用
学习策略指导不够，学生自主学习能力弱
学生学习渠道窄
英语融创优化课堂教学策略
英语课堂教学的技巧及案例
听读
看猜
说唱
看说
玩演
画思
读写
第三节
极简教育
技术优化课
堂教学互动
英语课堂互动的常见问题
英语融创课堂优化活动的策略
眼中有人、以学定教策略
教学有法、多向互动策略
活跃气氛、有效互动策略
英语课堂互动的策略应用及案例展示
入情入境的课堂互动，优化词汇教学
轻松极简的课堂互动，优化课堂组织教学
第四节
极简教育
技术优化
教学评价
英语评价的常见问题
英语融创课堂评价的策略
多元评价，以评促能的策略
多维评价，以评导学的策略
多样评价，以评促学的策略
英语课堂评价策略应用及案例展示
兼顾评价主体，充分发挥学生的主观能动性
丰富评价内容，多维发展学生的综合能力
创新评价方式，促进学生全面发展

第一节

极简教育技术优化课堂导入

良好的开端是成功的一半。优化课堂教学从优化课堂导入开始，新颖、有趣的英语课堂教学导入，能引起学生的注意力，让学生快速进入教学情境。

一、英语课堂导入的常见问题

课堂导入的有效性直接影响一堂课的教学效果。每一位英语教师都渴望自己的英语课堂能有“未成曲调先有情”之势，可往往不尽人意，究其根源，主要在于英语课堂教学的导入环节存在以下问题。

（一）未能面向全体学生

教学中，教师应坚持“以人为本”，面向全体学生开展教学活动，可是一些教学导入并未全面分析不同学生的学习经历、学习水平和学习风格，导致课堂导入未能深入大部分学生心中。众所周知，学生是学习的主体，包括课堂导入在内的所有教学活动都应在学情分析的基础上进行设计。

（二）脱离学生实际

很多教师想让自己的课堂寻入使人眼前一亮，殊不知自己设计的课堂导入虽看似热闹，却对开启本堂课的学习意义不大，根源在于教师忽略了课堂导入最核心的是要贴近学生的生活实际，符合学生认知水平，让课堂导入真正为课堂教学服务。

（三）活动呆板低效

教师导入的活动缺乏对学生综合语言运用能力的培养。很多课堂导入活动多流于形式，内容老套。

针对以上三个问题，本书运用极简教育技术理念，结合小学英语课堂导入的策略、方法和案例，旨在使教师在极简教育技术的支持下，探索有效进行课堂导入的方法，从而提高教学效率。

二、英语融创课堂优化导入策略

教育的艺术不在于传授本领，而在于激励、唤醒和鼓舞。面对处于懵懂状态又对新事物接受较快的小学生来说，通过课堂导入激励学生投入新课的学习中；通过导入唤醒学生对将授新知的认识；通过导入鼓舞学生自信学习新知；这是作为教师的我们，在导入设计时应该重点思考的方向。根据当前小学生学习英语的现状及英语学科的课程特点，在课堂导入设计时，可以从以下三个策略入手。

(一)精准分析策略

教师的设计要“眼中有人”，因为课堂的主体是学生，教师的导入活动要充分了解学生在本堂课最需要什么。导入环节要起到抛砖引玉的作用，不可设置得令学生晦涩难懂，并且导入环节应让多数学生有话可说，教师应把更多的话语权交给学生，让学生主动探索知识，主动习得语言。

(二)联系实际策略

一节好的课堂导入，不是全凭教师的导入形式有多丰富。形式新颖只是其一，在导入设计时我们要更多考虑实际情况，包括学生实际和教学实际。基于学情的课堂导入是首先要考虑的，更不可能忽略的就是导入环节的内容设计要充分且合理地联系本课的教学目标和教学内容，为后面的教学奠定良好基础。所以，教师设计的导入活动应与教学内容相联系，让导入活动与新课的教授紧密结合。

(三)趣味生动策略

“知之者不如好之者，好之者不如乐之者”。作为教师，我们在进行课堂导入活动时，大多关注“知之”，而任何一门学科的“知之”也是“乐之”使然。何以为乐？兴趣也。诚如爱因斯坦所言：兴趣是最好的老师。小学生的注意力很短暂，因此一个生动有趣的导入活动可以有效激活学生已有的知识，充分激发学生的求知欲，让学生主动进入英语学习的状态中。

三、英语优化课堂导入策略应用案例展示

一节课的成功与否，导入环节起着至关重要的作用。好的导入，能引导学生迅速进入学习状态。教师应该扮演好“导演”这一角色，充分设计每一节课的导入，这样才能使学生产生浓厚的兴趣，增强学习英语的信心，提高教学效果。接下来将分享四种极简技术优化导入策略，分别是精准调查导入、媒体导入、游戏导入和人工智能导入。

(一)精准调查，联系实际导入

对于小学生来说，英语属于外语，不是第二语言，是一种相对陌生的语言。课前做极简调查，进行精准的学情分析，并将分析结果作为课堂导入将会更加吸引学生的注意力，让学生共情，激励学生迅速进入课堂教学情境中，达到事半功倍的效果。

本书推荐问卷星和 UMU 互动两款 App，它们都可以用来做问卷调查。授课教师只需将自己想要了解的学情设置成相关的问题或选项，通过微信、QQ 或钉钉等推送到家校联系群，学生在移动端进行填写，教师就能收到相关数据，而且这两款 App 会对数据进行一定的分析处理，助力教师对学情进行分析。问卷星既有小程序，也有 App，“UMU 互动”既有 App，又有电脑端。在这里我们介绍问卷星小程序和 UMU 互动 App 的使用方法。在使用排序方面，小程序优先 App，App 优先电脑端。

【案例】问卷星进行导入

教学内容：Find colorful things

极简工具：问卷星 & UMU 互动

教学内容：以获得 2020 年湖南省集体备课大赛一等奖的英语听说课“Find colorful things”为例，在磨课期间授课教师用的是问卷星，最后录课选择的是 UMU 互动的问卷调查功能，设置的问卷调查内容其实是一样的，区别在于 UMU 互动的调查数据更利于大屏幕分享和讲解。接下来对两者的使用做简单介绍。

图 3-1-1　课前导入之精准分析 1

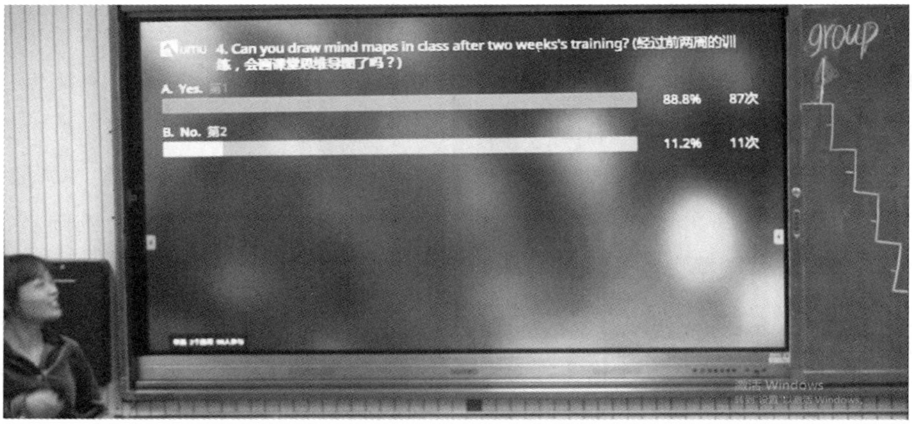

图 3-1-2　课前导入之精准分析 2

1. 小程序问卷星调查的使用方法

第一步：打开微信，搜索“问卷星”小程序，如图 3-1-3①；点击创建，选择调查，按步骤操作即可，最后点击发布、分享。

第二步：点击进入图 3-1-3②界面，大家可以看到上文提到的 Find colorful things 课前学情调查问卷，有 91 个答卷数量。

第三步：点击结果，就能看到图 3-1-4②的统计结果，教师可以根据这个来预判和调整本节课的重难点知识。

① ②

图 3-1-3 问卷星 1

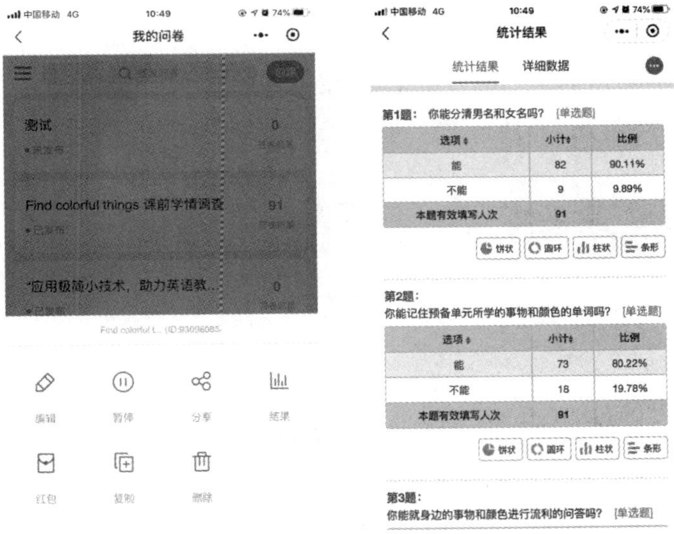

① ②

图 3-1-4 问卷星 2

2. UMU 互动的问卷调查

第一步：在手机上下载 UMU 互动，完成注册、登录，就会进入图 3-1-5①界面。

第二步：点击课程，点击右上角"＋"，进入图 3-1-5②界面，创建课程，输入"测试"，点击下一步，进入图 3-1-5③界面。

① ② ③

图 3-1-5 UMU 互动截图 1

第三步：点击“添加课程小节”，进入图 3-1-6①界面，点击问卷，然后按步骤操作即可，与问卷星的操作方式相似。图 3-1-6②和图 3-1-6③界面，是笔者上文提过的用 UMU 互动做的 Find colorful things 问卷调查。且 UMU 互动可以进行微课讲解并生成微课，非常方便。

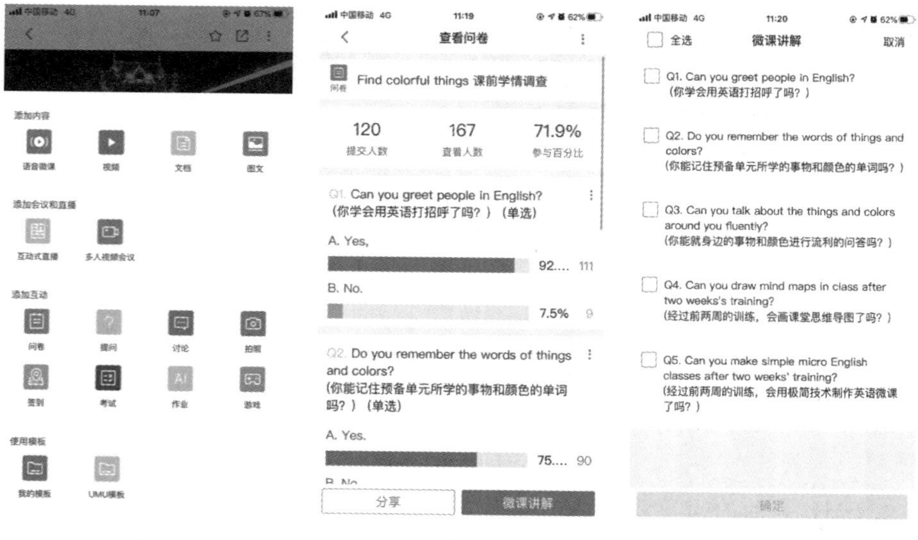

① ② ③

图 3-1-6 UMU 互动截图 2

(二)媒体导入，激发学习兴趣

抓住小学生的注意力和兴趣是一堂英语课取得良好效果的关键。小学生是否对英语课堂感兴趣，主要看教师的教学设计与互动是否有足够的吸引力和趣味性，传授知识的过程是否令小学生易于接受和理解。那么，恰当运用多媒体的导入就是一种有效激发学生学习兴趣的方式。

多媒体导入指的是通过各种媒体(如图文、声音、视频、动画等)进行课堂导入，是当下小学英语教师常采用的一种导入方式。多种媒体导入，既达到吸引学生的目的，又被广大教师所接受，也有助于调动小学生的多种感官参与课堂学习。多媒体生动、直观的导入形式，可以刺激学生的感官，让学生被情境氛围所感染，从而全身心投入课堂学习中，快速进入学习状态。

【案例一】《At a music lesson》

极简工具：剪映 App

教学过程：考虑到本堂课要学习的是与音乐有关的知识，在课堂导入环节中，教师就可以使用多媒体教学工具，为学生播放他们喜爱的歌曲。

教学效果：通过播放学生耳熟能详的歌曲，消除课堂教学的紧张气氛，让学生置身于音乐课程当中，这样学生就会以饱满的状态进入学习，学生才乐于模仿，敢于表达，对英语学习进行初步感知。由此可以看出，利用多媒体进行课堂导入，是可行、有效的教学方式。

【案例二】

视频导入法，即通过播放短视频引入教学主题或者引出下一个教学环节，这其实是教师惯用的教学手段，但如果这个微课是教师或学生自己做的，或者有教师或学生出镜，那效果是不是会不一样呢？

以获得 2020 湖南省融合创新课例一等奖的英语写作课“Being volunteers to help the elderly”为例进行说明。图 3-1-7 是教案的截图，在教师结合时事引出主题后，学生开始播放和讲解自己的英语微课，学生微课内容是对抗疫志愿者高度赞扬的一句话的解读，且学生配上了抗疫志愿者的图片和短视频，这加深了学生对志愿者的认知，为整堂课营造了主题学习背景。扫描图中的二维码即可查看学生的极简微课作品。

Processes	Teaching activities	Design purposes
Step 1 (3-5 mins) Listen and guess	1. T talks about the volunteers who fight against the Covid-19. Since December 2019, lots of medical workers have been volunteering to work at the Covid-19 front line. 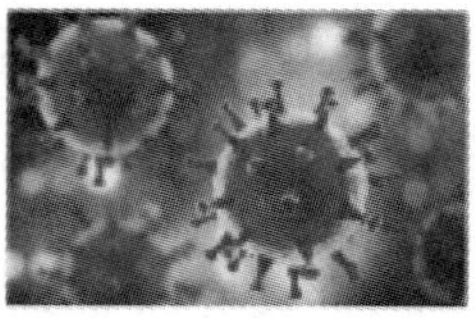 2. Who is a volunteer? A volunteer is someone who does work without being paid for it, because they want to do it. They help people, they change lives. Who is a volunteer? A volunteer is someone who does work without being paid for it, because they want to do it.  3. Let's enjoy Xie Yuan's micro lecture to know more about volunteering. Enjoy Miss Xie' s class!  Xie Yuan's micro lecture 4. Miss Xie teaches us her micro lecture. What does it mean?	1. 教师结合时事，引出主题，理解关键词汇。 2. 学生做微课小讲师，讲解习主席的一段话，加深学生对志愿者精神的理解。

图 3-1-7　英语写作课导入微课

(三)游戏导入，激发学生情绪体验

小学生具有好奇、好玩、好动的特点，而游戏符合小学生的心理生理特点，并解决了“学”与“玩”的矛盾。游戏导入是在愉悦轻松的氛围中进行英语知识学习的课堂导入方式。

教师借助信息技术手段，精心设计各种活动来吸引学生的注意力，激发学生的学习兴趣。这样高效有趣的导入设计往往能为所学新知铺石引路，为整个课堂营造生动活泼、积极向上的学习氛围，从而提高教学效率。

【案例一】

“Hansel and Gretel”这节课是以戏剧形式展示了英语童话故事。首先教师进行了背景知识的拓展，那如何让这个环节有趣而又让学生有收获呢？教师邀请了每个学习小组的组长进行商量，最后有一个小组长想挑战这个任务，他们组的三个同学一起制作了微课。

微课内容：学生选取了白雪公主、小红帽、美女与野兽等童话故事的动图，且配上中英文名称和音乐，围绕“What is a fairy tale?”这一主题，做了一个英语微课。

图 3-1-8 游戏导入微课 1

教师让学生带着疑问“What is a fairy tale?”“How many fairy tales do you remember?”观看微课。

图 3-1-9 游戏导入微课 2

接下来，教师设计了一个希沃白板 5 的匹配游戏，邀请学生上台进行图文匹配，从而帮助学生识记童话故事的几个典型英文表达。

对于部分学生经常读错或不会读的单词，希沃白板 5 的“英汉词典”功能可以设置单词卡，让学生跟着音标进行拼读，从而有助于加强学生记忆，掌握单词。

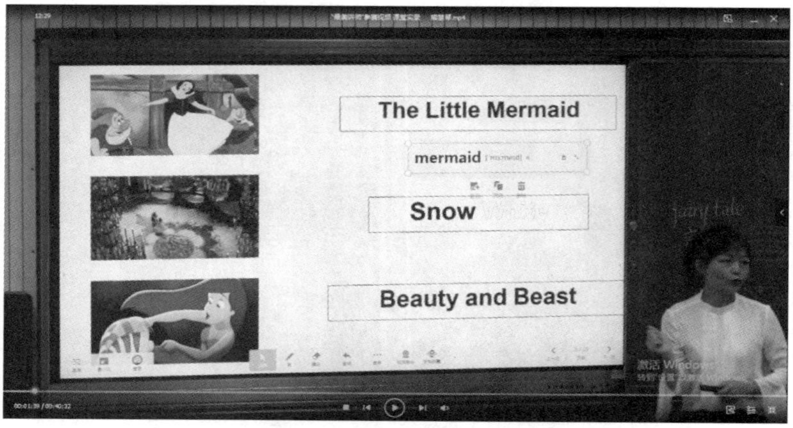

图 3-1-10　希沃白板 5 游戏导入 1

希沃白板 5 中还有许多游戏，笔者期待大家的创新应用，从而为课堂注入活力，让师生更快乐地学习英语，如图 3-1-11 所示。

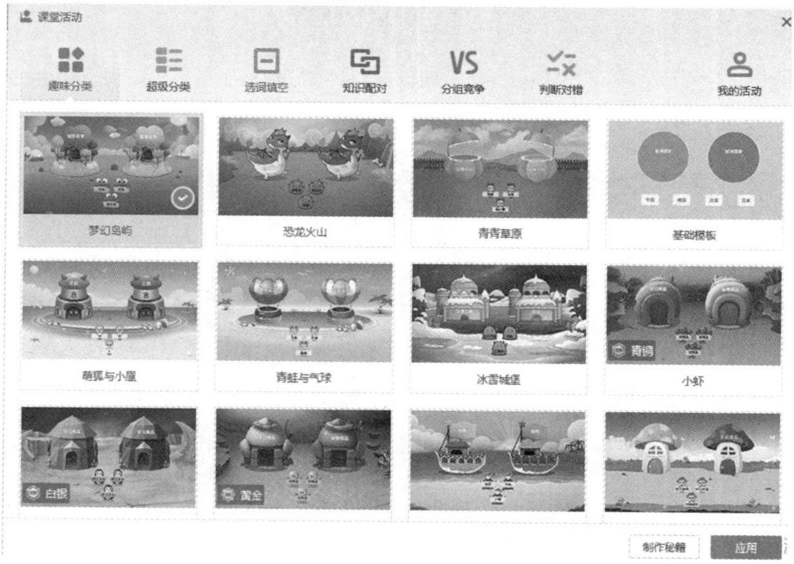

图 3-1-11　希沃白板 5 游戏导入 2

(四)人工智能导入，让教学更加轻松高效

人工智能在教育行业已经成为一种时尚。人工智能通过语音识别技术、语言理解技术、语言翻译技术等的发展正是“全效英语课堂”最简便、最快捷、最有效的教学手段。但是，如何运用人工智能优化课堂导入呢？下面为大家介绍两款极

简应用，让教师能快速制作吸引学生“眼球”的课堂导入。

【案例一】

推荐“字云”(微信小程序)做“猜词”导入，这是笔者在一次外出时，听一堂英语老师的公开课，有一位老师把这个小程序用在了课前导入，让学生思考“What is love?”，里面有很多与“Love”相关的词，且整个是“life”的造型，如图 3-1-12 所示。

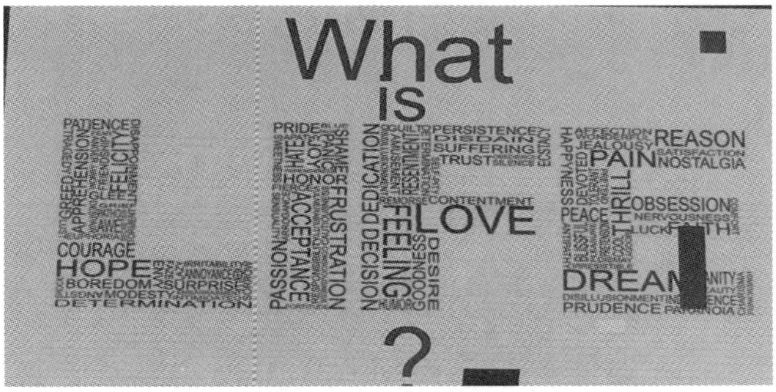

图 3-1-12　字云效果图

接下来为大家分享字云小程序的使用方法。打开微信，搜索字云小程序，如图 3-1-13①，点击“字云”，进入图 3-1-13②。点击“开始”，进入图 3-1-13③。图 3-1-13③是笔者已经点击了下方文字、形状、颜色进行调整后的效果图，可用于有关爱护动物的主题英语课的导入或总结，最后点击右上角的“保存”即可。

①　②　③

图 3-1-13　字云小程序截图

【案例二】

以新版 PEP 教材六年级上册第六单元 Let's Learn 部分为例，在词汇教学的各阶段运用不同的教学策略，即以"人工智能"为引，导入话题。

极简技术：活照片 App

案例实操：本单元的学习主题是情绪及感受，这是一个比较抽象的概念，需要图片、表情、动作、语气的支撑才能理解词汇的含义。在本单元的主情境图和 Let's talk 板块有丰富的图片资源，教师可以截取所需的表情图片来复习相关词汇，用于课堂热身。如果借助人工智能极简技术，将会取得意想不到的效果。

图 3-1-14　课本教材截图

本课的 Let's learn 内容，教材通过 Sarah 与宠物猫相处的四幅图片分别表现了 angry，afraid，sad，worried，happy 几个关于感受的词，教师可以将这四幅孤立的图片，通过整合、创编，连贯成富有意义的语篇，先让学生整体感知，再逐步关注细节，各个突破难点。同时，还可以使用活照片 App，让 Sarah 的表情动起来，从而让学生体会 angry，afraid，sad，worried，happy 的含义。接下来为大家介绍如何使用活照片 App 进行人工配音。

第一步：下载活照片 App，打开软件，进行免费注册。

第二步：设置人物表情及语音。如图 3-1-15①所示，在左下角"＋"处导入相片。

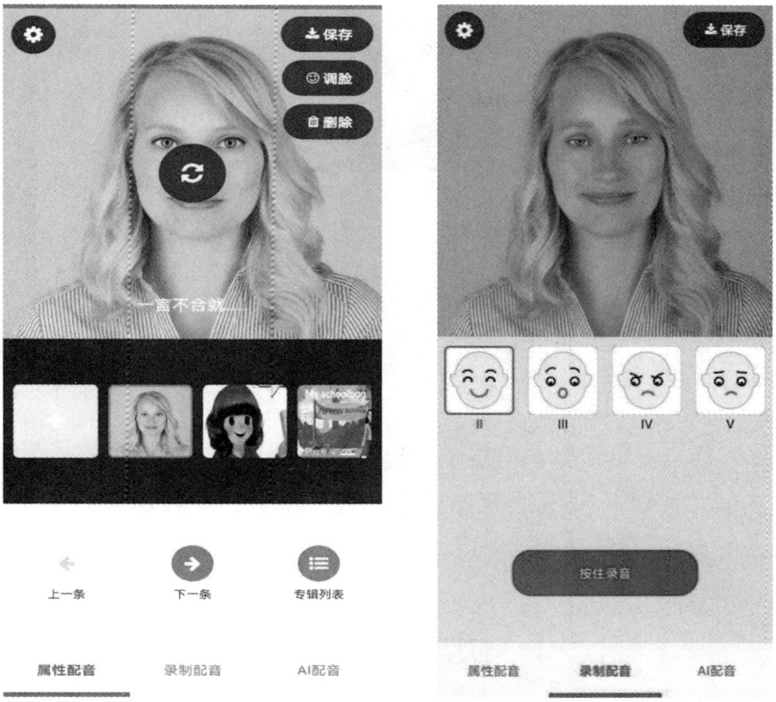

①　　②

图 3-1-15　活照片 App

第三步：点击底部"录制配音"，如图 3-1-15②所示，分别选择笑脸、哭脸、生气、开心等不同表情，此时人物的面部表情便发生相应变化，长按"按住录音"，运用教材内容进行朗读，由人工智能自动让人物肖像活灵活现的表达不同的情绪和表情。

第二节

极简教育技术优化课堂教学

全媒体时代，我们可以获得更多可应用于英语教学的技术手段、资源平台和教学活动空间。英语教师根据教学目标、教学内容、学校条件、学生情况，稳步、扎实、有效开展英语“四全课堂”，优化课堂教学方式，提高学生的学习效率。

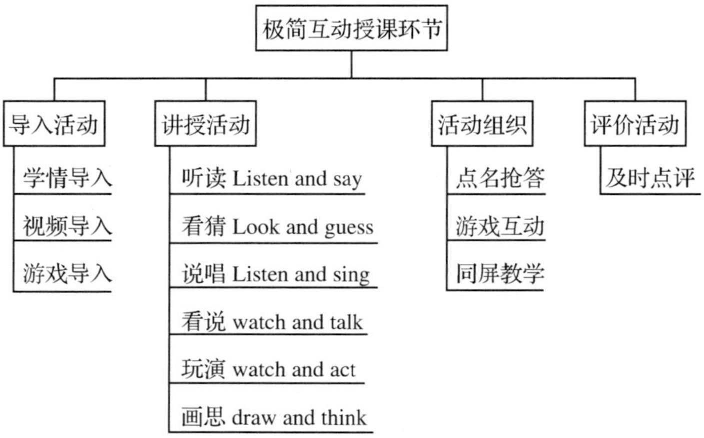

图 3-2-1　极简互动授课环节思维导图

一、英语课堂教学的常见问题

(一)学生语言实践少

《义务教育英语课程标准(2022 年版)》“践行学思结合、用创为本的英语学习活动观”的课程理念指出：秉持在体验中学习、在实践中运用、在迁移中创新的学习理念，倡导学生围绕真实情境和真实问题，激活已知，参与到指向主题意义探究的学习理解、应用实践和迁移创新等一系列相互关联、循环递进的语言学习和运用活动中。

在课堂教学中，一些教师并没有给学生提供有目的、有步骤的语言实践机会。其实教师只有真切的了解学生在听力、口语、阅读、写作等可能遇到的实际困难，才能科学合理地制订教学计划，设计由易到难、层层递进的教学步骤，引导学生在应用实践类活动中内化所学语言和文化知识，推动学生在语言综合运用方面的发展。

(二)英语资源利用欠缺，学习效率不高

《义务教育英语课程标准(2022 年版)》明确指出：积极开发与合理利用课程资源是有效实施英语课程的重要保证。英语教师在教学中是否充分合理、巧妙开发英语课程教学资源，是英语课程实施的重要部分，也对英语教学的授课质量起到了至关重要的作用。很多英语教师仅仅使用学校为其配套的挂图、磁带或音像资料进行课堂教学，这样的语言输出会大打折扣，直接影响学生的英语学习兴趣和英语学习效率。计算机和数字技术为学生的个性化学习和自主学习创造了有利条件。如英语教师可以利用互联网资源和极简技术对已有资源进行再创作、再利用，从学生的兴趣出发设计一些与单元教学主题相关的活动，这样才能适应信息时代的新的学习模式，创造性地完成教学任务，从而提高学生课堂学习效率。

(三)拘泥教条，缺乏对教材的创造性使用

目前，很多英语教师只是拘泥于用教材教学，缺乏对教材的二次开发。限于篇幅或实际，教材中涉及的内容、活动并不能满足英语新课标的需要，英语教师就要考虑到学生个体和班级的学习风格对教材进行再创作、再利用；尤其是借助信息技术，有效地将教材内容进行创造性地使用，从而进行教材的“二次开发”。

(四)学习策略指导不够，学生自主学习能力弱

《义务教育英语课程标准(2022 年版)》指出：学习能力的发展有助于学生掌握科学的学习方法，养成良好的终身学习习惯。英语教师不能只是一名教书匠，要在课堂讲授环节对学生进行有效的指导，提高学习效率。但在现实中，英语教师缺乏这方面的专业指导，导致学生的英语学习效率低、学生的自主学习能力不够。

(五)学生学习渠道窄

英语作为一门在小学阶段必修的、包含大量文化元素的语言类课程，不能只依靠课内 40 分钟进行知识的传输，还应根据互联网“翻转课堂”理念，通过引入互联网的材料，开展线上、线下的文化主题交流活动，构建大容量的英语课堂，从而拓展小学生英语课堂的宽度和深度。

二、英语融创优化课堂教学策略

运用极简教育技术辅助课堂教学是增强与提升英语课堂讲授的重要途径之一。英语教师需要借助合适的信息技术手段，设计与优化讲解、启发、示范、指导、评价等课堂讲授活动。如何借助极简教育技术提升小学英语课堂的讲授效果呢？本书给大家推荐几个策略。

策略一：用极简技术将知识讲授形象化、可视化。

视觉传播学者保罗·莱斯特曾说："今天的现实是，我们周遭的世界是以视觉为主要媒介，我们对世界的理解不是通过文字，更多的是通过视觉信息。"[①]根据脑科学研究，具象的知识更能激发学生的学习兴趣，也能快速吸引学生的注意，建立知识线索。那么，结合英语教学的规律和新课程标准的要求，充分利用极简教育技术就可建构形象化和可视化的知识体系。

一是利用极简技术制作图文微课、音视频微课，使知识传递更加直观、形象，促进学生对知识的理解。

二是利用极简技术制作思维导图、概念图、脑图、锚图等，加速学生对知识的内化，对学生的认知产生良好的促进作用，帮助其快速记忆，还能拓展学生的想象空间，创新思维。

策略二：用极简技术建立知识之间的联系。

新课程标准对英语教学的要求是培养学生听、说、读、写等各种技能，培养学生的语言综合运用能力，培养学生的深层次思维能力。要让学生掌握知识，就需要学生理解知识点内在的逻辑关系，需要学生有清晰的思维模式。在当前的英语课堂教学中，小学英语的学习也离不开形象思维与逻辑思维的支持，我们利用极简技术的思维导图工具，在课堂内外帮助小学生对英语知识建构系统的脉络，加深学生对所学知识的理解和记忆。

策略三：用极简技术关注不同学生的需要。

为满足不同层次学生的需求，教师在教学过程中，应采取不同的教学策略，有针对性地进行教学活动，从而提升课堂教学质量，促进每个学生的发展。

三、英语课堂教学的技巧及案例

小学英语课堂讲授的根本目的就是在"说、唱、玩、演、看"等相关教学活动中进行知识传授、技能发展和素养提升。开展如听读(listen and say)、看猜(look

① 转引自司峥鸣、郭丰：《设计与传播的视觉传达研究》，56页，哈尔滨，哈尔滨工业大学，2016。

and guess)、说唱(listen and sing)、看说(watch and talk)、玩演(watch and act)、画思(think and draw)、读写(read and write)等课堂活动，让学生在轻松愉悦的环境中体验英语、习得英语，在各种有趣的活动中树立积极的英语学习观，培养学习英语的自主性和自信心，进行英语词汇、短语、句子、语篇的学习，为今后的深度学习打下牢固的基础。本书将围绕这些活动，以希沃白板 5、101PPT 等为主要的授课工具，介绍一些极简课堂互动工具的使用妙招和案例，助力教师开展信息时代下的“英语全效课堂”，让学生开心学英语、用英语。

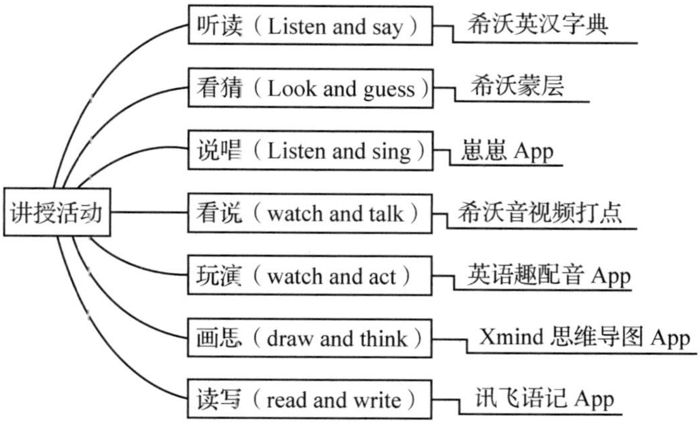

图 3-2-2　讲授活动思维导图

（一）听读

在英语课上，单词的听读是必不可少的，那么如何提高单词听读的准确率呢？可以通过希沃白板 5 的“英汉字典”功能进行单词的听读。点击学科工具，就能看到英汉字典，如图 3-2-3 所示。

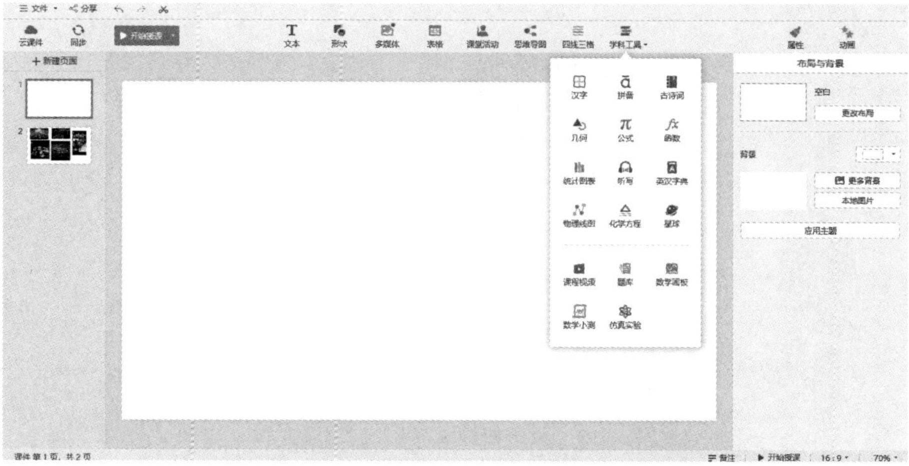

图 3-2-3　希沃白板 5 学科工具“英汉词典”1

点击英汉词典就可以输入需要查询的单词了，以“animal”为例，有释义、词组、例句、近义词等，还可以根据教师的教学需要进行修改，最后点击生成单词卡，并缩小，就可以放在课件上使用了。

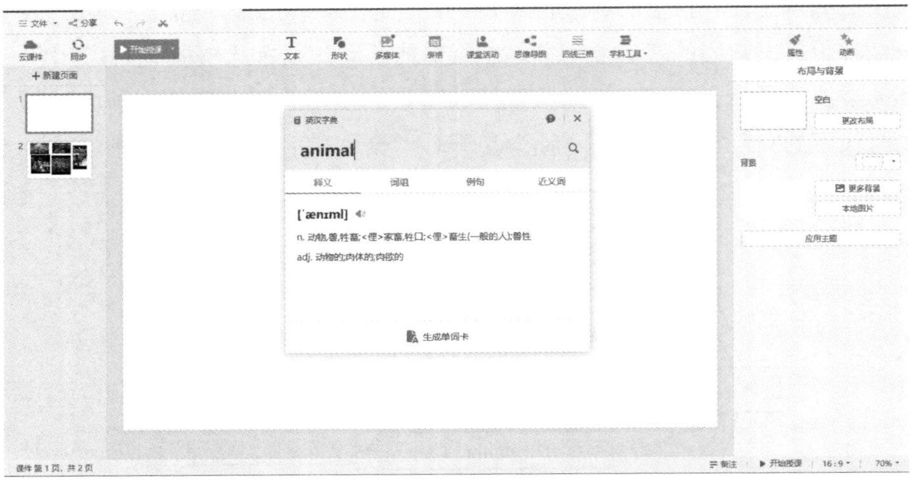

图 3-2-4　希沃白板 5 学科工具“英汉词典”2

（二）看猜

在教学生单词时，可以采用希沃白板 5 的“蒙层”功能，让学生猜词，增加学单词的趣味性。假如这节课要教老虎这个单词，首先教师在希沃白板 5 中插入老虎的图片(抠图技术详见第二章基本功)，右键单击鼠标，出现一个下拉菜单，点击更多操作，又出现一个下拉菜单，第二个就是添加蒙层，如图 3-2-5 所示。

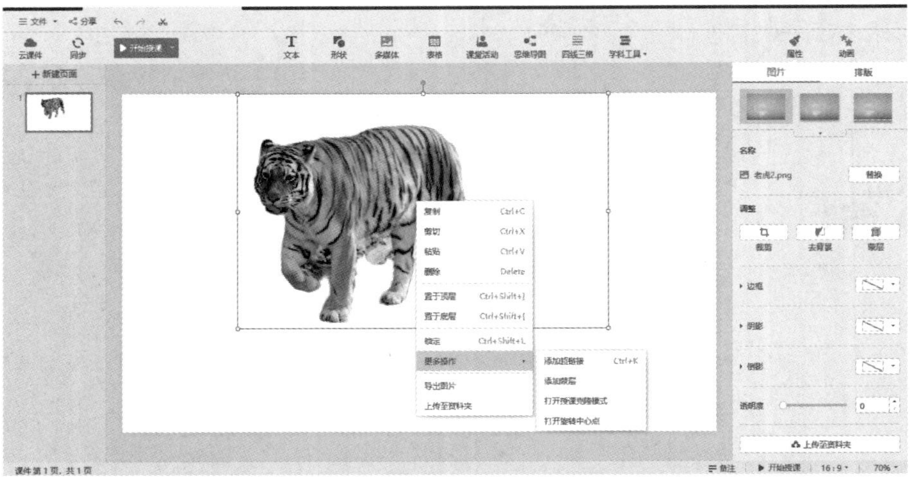

图 3-2-5　希沃白板 5 学科工具“蒙层”1

点击添加蒙层，你会发现老虎不见了，并出现一个虚线框，上面提示点击“开始授课”后，使用橡皮擦除蒙层以显示内容，如图 3-2-6 所示。

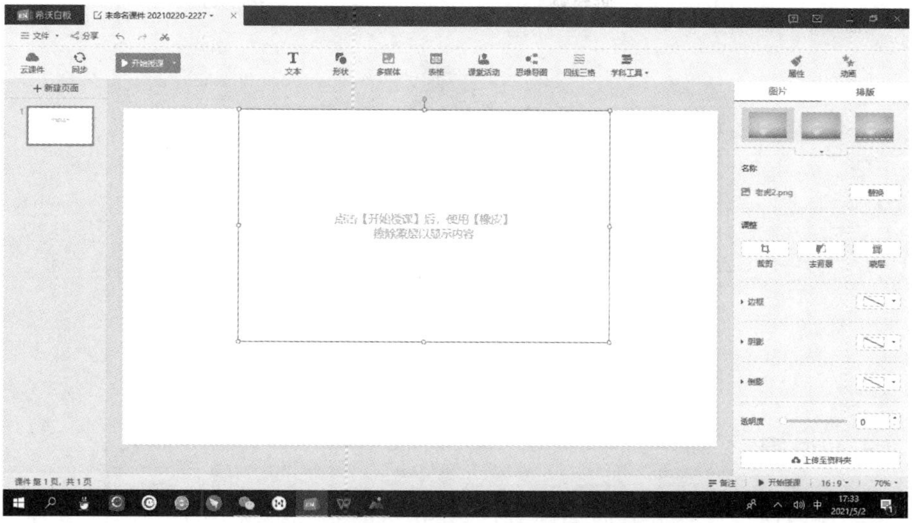

图 3-2-6　希沃白板 5 学科工具“蒙层”2

点击右下角开始授课，如图 3-2-7 所示。教师可以在上面加上“Guess 猜一猜”标题，让学生更明确在玩猜词游戏。

图 3-2-7　希沃白板 5 学科工具“蒙层”3

教师在进行课堂授课时，点击下面的橡皮擦，一点点擦除，直到学生猜出单词，如图 3-2-8 所示。教师可以结合前面讲过的英汉字典的用法，助力学生更好地掌握单词。

图 3-2-8　希沃白板 5 学科工具“蒙层”4

（三）说唱

小学英语课堂基本都有说唱环节，有的教师性格活泼，可以直接在课堂上带着学生边说边唱，但有的教师可能比较腼腆，课堂气氛不浓。丰富多样的“全息媒体”可为英语教师提供让学生进行语言实践的真实语言情境。如借助“崽崽 ZEPETO”就可让学生在真实的语言情境中进行听、说练习。下面具体介绍用“崽崽 ZEPETO”制作教学视频的步骤。

第一步：手机下载“崽崽 ZEPETO”，安装并免费注册账号。

第二步：创建一个动画人物(此处省略，大家自行研究)。

第三步：打开“崽崽 ZEPETO”，点击底部“世界”。

第四步：在“世界”页面，可以看到很多“地图”场景，各位教师可以根据自己的教学情境搜索不同的场景，如我们可以在顶部搜索“教室”场景，如图 3-2-9 所示。

图 3-2-9　崽崽 ZEPETO 注册页登录步骤截图

第五步：建立自己的私人房间，方便录制。这个 App 是个社交软件，有很多聊天室。建议教师自己创建私人房间，只有你一个角色，没有其他人干扰。当然，教师也可以利用这个功能，跟朋友进入同一个场景制作对话。

第六步：进入房间以后，手指触碰画面可以改变场景视角，操控左下角圆点以及右上角向上的箭头则可以控制角色的方向以及走动跑跳，下面选好以后可以拍照或录像。

图 3-2-10　崽崽 ZEPETO

第七步：点击“拍照”图标后会出现如下界面。点击左上角的“人脸”就是自拍模式。“人脸”下面的那个图标可以隐去浮在小人上面的名字，点击下面的“pose”图标就会出现很多动作姿势，然后点击“拍摄”就可以录制了。

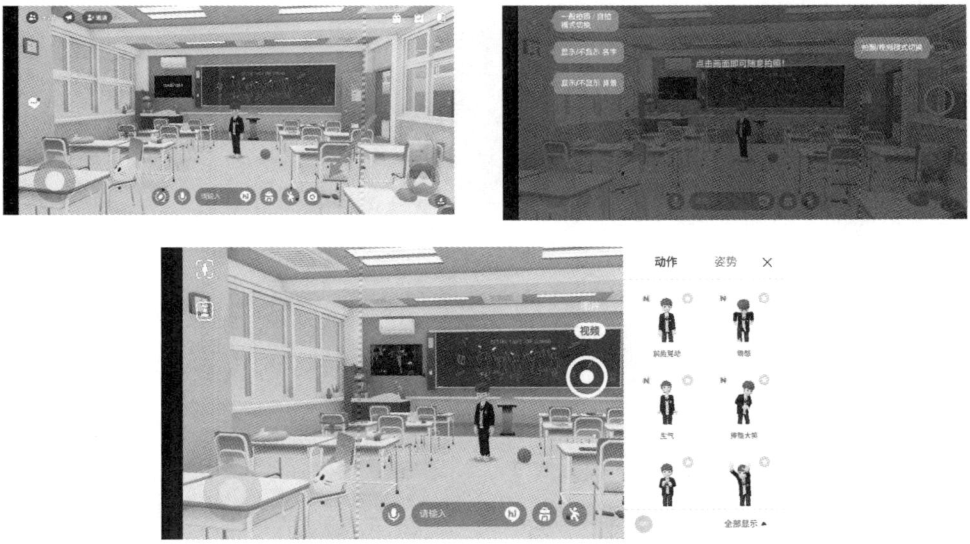

图 3-2-11　崽崽 ZEPETO 拍摄截图

图 3-2-11 是横屏模式下的录制，还可以竖屏进行录制视频。

图 3-2-12　崽崽 ZEPETO 录制创作截图

大家还可以将录制好的视频通过剪映 App 导入文字和配音，这样的效果非常好。教师可以自由发挥，用不同的思路制作不同的视频/照片，创设不同的语言环境。

(四)看说

在英语学习中乐于模仿，敢于表达，对英语具有一定的感知能力，这是我们小学英语课堂教学要正确把握的目标要求。在课堂上，如果我们能将课文的学习具体到某一个句子的练习，这就降低了学生学习的难度。借助希沃白板 5 的“音视频打点”功能就可以突破这样的难点，优化课堂教学。假如我们需要给学生播放 *Apple Tree* 这首歌，我们将该视频插入希沃白板 5 课件中，如图 3-2-13 所示。你会看到视频右下角有一个旗帜小图标，这是用来进行“视频打点”的，一段视频最多可以打 5 个点。

图 3-2-13　希沃白板 5 音视频打点功能截图 1

根据这首歌的歌词，我们打了 5 个点。教师还可以在屏幕下方打上歌词，如图 3-2-14 所示，批注第一句歌词。

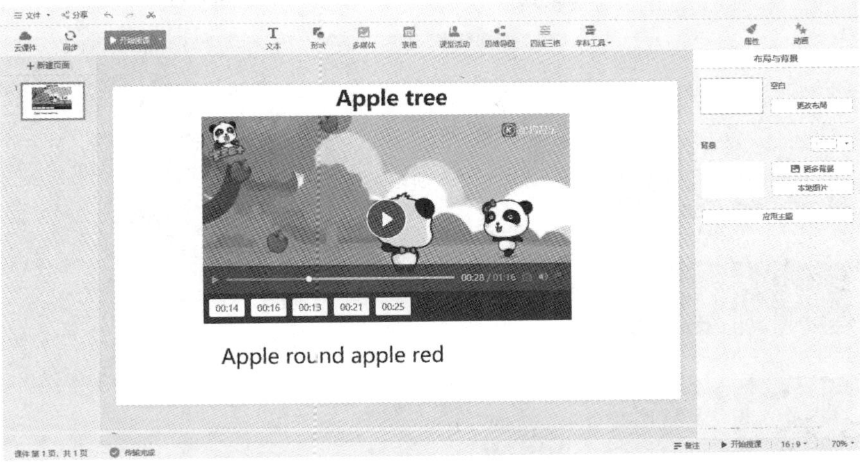

图 3-2-14　希沃白板 5 音视频打点功能截图 2

点击“开始授课”，你会发现 5 个打点的地方清晰可见，如图 3-2-15 所示。学生可以看着歌词唱，这样就能更快地学会歌词。

图 3-2-15　希沃白板 5 音视频打点功能截图 3

(五)玩演

英语是一门语言，而语言的习得始于模仿。英语趣配音这款 App 就能有效引领学生进行英语语言的模仿学习，且充满趣味性。教师在课堂上可以播放学生的优秀配音作品，激励学生互相比赛。小学生在进行配音时，教师注意对其进行引导，并关注难度系数，选择适合自己能力水平的视频进行最佳配音练习。接下来，我们来介绍英语趣配音的使用方法。

首先在手机上下载英语趣配音 App，完成注册、登录。点开英语趣配音

App，进入图 3-2-16①界面。如教师选择学生喜欢的小猪佩奇短视频，进入图 3-2-16②界面。点击“开启配音”，进入图 3-2-16③界面。如果学生确实不认识屏幕上的单词，就可以点击“加入生词本”。

① ② ③

图 3-2-16　英语趣配音截图

其次，点击“开启配音”，进入图 3-2-17①界面。长按麦克风就可以开始配音了，建议学生多听几遍，确定会读之后，再开始录制，每录完 1 句，软件就会自动打分，如图 3-2-17②界面。当 3 句话全部配音完毕，点击“预览配音”，进入图 3-2-17③界面，配音完成后可以选择发布并分享。

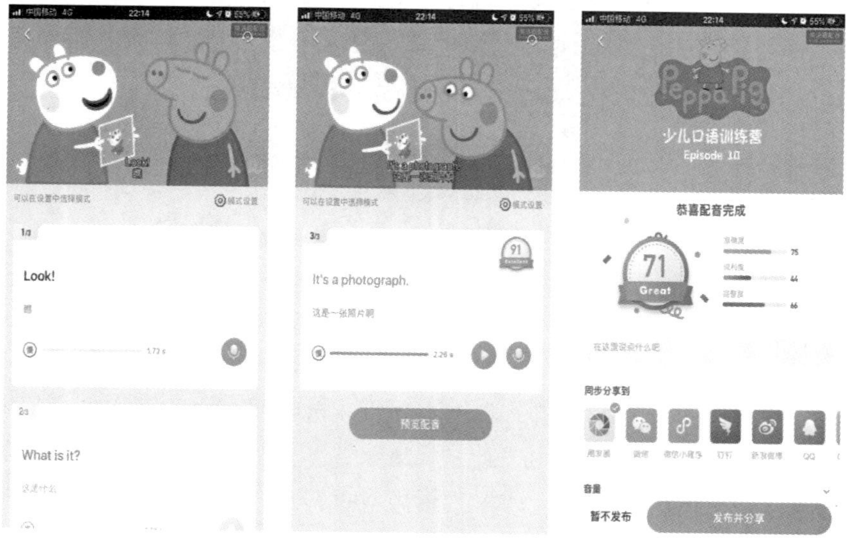

① ② ③

图 3-2-17　英语趣配音实践步骤截图

建议英语教师选择适合学生的系列课程，用微课教学生如何回家使用该软件，并跟进学生的配音情况。教师可以在课堂展示并表扬学生的优秀微课作品，也可以尝试在课堂上开展配音比赛，让学生为自己英语表达能力的提升而感到自豪。

(六)画思

绘制思维导图利于对所学内容进行复习和归纳，在大脑里形成知识框架，促进学生思维的发展。本书推荐 XMind 思维导图 App。教师可以根据所教年级和学生的英语水平布置思维导图作业，如一个单元学完了布置一次作业。在课上，教师也需要经常给学生现场画或展示思维导图，并教学生如何使用该软件来制作思维导图。接下来，我们来介绍 XMind 思维导图 App 的使用方法。

在手机上下载 XMind 思维导图 App，完成注册、登录。打开该软件，进入图 3-2-18①界面。点击右上角“＋”，进入图 3-2-18②界面。点击“＋空白思维导图”，进入图 3-2-18③界面。点击“中心主题”就可以输入文字了。

① ② ③

图 3-2-18　XMind 思维导图操作截图 1

如图 3-2-19①，我们输入了“Food”这个单词，右下角会有两个黑色的符号，点击这两个符号就可以根据自己的需求画思维导图了。图 3-2-19②是我们画的一个简单的思维导图，右上方有一个“刷子”图标，可以更换方框颜色。完成后，点击“分享”，进入图 3-2-19③界面。点击“图片”，该思维导图就保留在手机了。

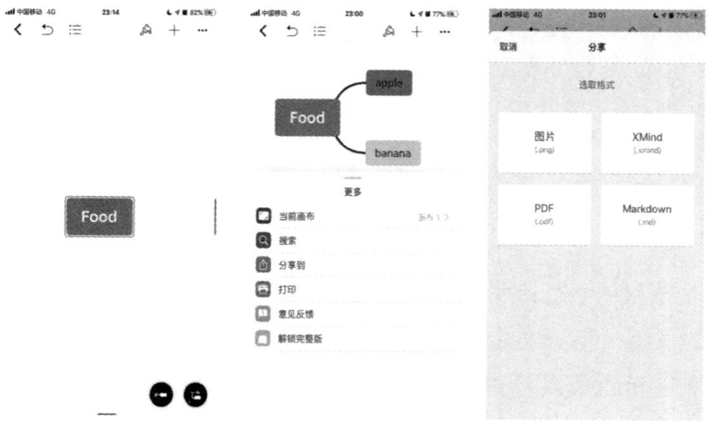

① ② ③

图 3-2-19　XMind 思维导图制作截图 2

（七）读写

根据课标要求，小学阶段在英语学习的读写要求上，不论是模仿范例书写词句的一级目标要求，还是能根据图片、词语或例句的提示，写出简短的描述的二级目标要求，都是学生英语学习中一件非常困难的事情。因此，教师应该从低年级学生开始，培养他们对书写表达的热爱。教师可以借助讯飞语记 App，让学生将自己的英语小作文口述出来，该小程序将其自动转换成文字。那讯飞语记如何使用呢？

在手机上下载讯飞语记 App，完成注册、登录。点击“麦克风”，进入图 3-2-20①界面，如说“I like animals very much. ”软件就会自动生成这句。点击完成，进入图 3-2-20②界面。点击“生成长图”，就会出现图 3-2-20③界面，则一篇作文就写好了。刚学习写作时，小学生可能写得差一点，但当他们的口头作文能够用文字呈现出来时，会极大提升学生的英语书写兴趣。如果教师再跟进批阅指导，那教学效果将会非常好。

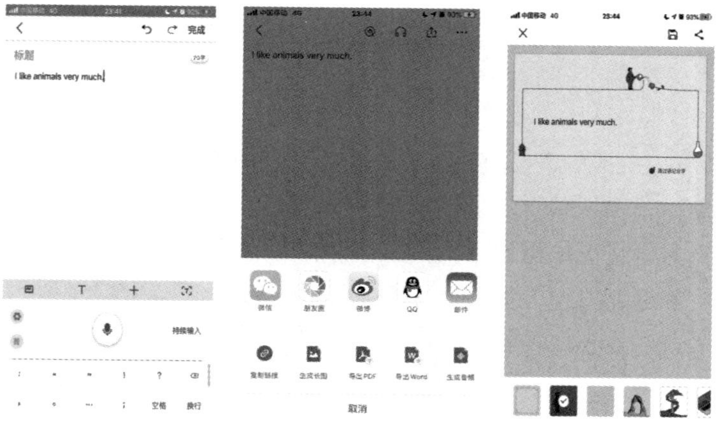

① ② ③

图 3-2-20　讯飞语记截图

第三节 极简教育技术优化课堂教学互动

课堂教学互动是指师生互相交流，共同探讨，互相促进的一种教学组织形式。它包含两层含义，即浅层互动和深层互动。在浅层互动中，学生只需通过简短的对话活动，回答完成课堂活动中所布置的任务即可，主要表现为师生或生生简短的问答。而核心素养下的深层互动，尤其需要借助信息技术，即开展“全程课堂”下以学生为中心的探究性学习方式，优化课堂互动教学，提高课堂教学效率。教师可以将浅层互动和深度互动有机结合，实现深度学习，在一定程度上提高学生的表达能力和思辨能力。

一、英语课堂互动的常见问题

问题一：无教学互动，课堂沉闷。

互动教学其实是将单向的教授模式变成了学生与教师、学生与学生、学生与课堂的多向交流模式。学生可以在课堂上获得知识，教师当堂便可以在学生身上得到反馈。教师可以及时了解学生对知识的具体掌握情况，以此安排下次的课程内容。但在实际教学中，有的教师因为担心无法完成教学任务，而放弃互动机会，导致课堂沉闷。

问题二：互动形式单一，缺乏趣味。

丰富多样的课堂互动形式能让学生体会到英语的趣味，尝到甜头，这就激发了学生自主学习的积极性，从而确保教师的一切教学活动顺利有序进行。但在当前的小学英语课堂教学中，有的课堂互动形式单一，只停留在浅层互动，课堂了无生趣，气氛不活跃，无法落实教学目标。

问题三：缺乏深度互动，教学无效。

课堂教学中的深度互动能让学生敢于突破自己，勇敢地迈出艰难的第一步，使学生不管发音正确与否，都可以自信地用英语表达身边的事物。然而纵观现在的小学英语课堂，却常见“哑巴英语”。我们知道学习语言不开口是永远也学不会的。只有在以学生为中心的教学实践中进行课堂深度互动，鼓励学生自主思考，在某种程度上促进课堂互动反思机制的形成，才能更好地实现有效教学。

二、英语融创课堂优化互动的策略

(一)眼中有人、以学定教策略

从学生现有的知识储备与学习能力出发，选择相应的互动教学内容，才能让教学活动更好地服务于学生。如果教师不能把握学生现有的学习水平，选择的互动内容过难或者过易，都会影响课堂互动效果。教师在课堂教学过程中只有尊重学生的主体地位，巧妙运用极简教育技术调动学生的主观能动性，才会让课堂真正互动起来，助力学生英语学习能力的提高。

(二)教学有法、多向互动策略

教无定法，教学有法，贵在得法。尽管我们的教学方法会受到教学内容特点、学生知识水平和个性的差异、教师自身的素质和能力以及学校实际等多方面的制约。但是作为教师的我们应该明察课堂，实时调控，灵活选择适合教学双方的课堂互动，这样既能够促进师生之间的合作学习，又能对学生与学生之间的合作学习产生积极影响。

值得一提的是，在全媒体背景下，在互动学习的过程中，借助极简技术能够为教师与学生之间情感和思想的交流提供平台和机会，教师在充分了解学生的英语学习情况下，创设教师和学生、学生和学生、学生和课堂的多向互动，促使学生乐于学习，享受学习。

(三)活跃气氛、有效互动策略

在传统的小学英语课堂中，大多数教师习惯管理学生与控制学生。学生长期为教师所控制，习惯于听从教师的命令，接受教师的观点，没有参与互动的欲望。没有和谐的课堂氛围，就没有高效互动的保障，缺少互动氛围的支持，再有吸引力的互动内容也无法打开学生的心扉。宽松的课堂氛围有利于学生融入互动实践中，学生在课堂中找到安全感，才愿意开口表达自己的观点，愿意参与课堂活动。这就需要教师转变个人教学理念，认清自己在英语课堂中的地位与角色，发挥导向作用，融合极简教育技术打造轻松、快乐的英语课堂氛围，促成有效课堂互动，达到预期的教学效果。

三、英语课堂互动的策略应用及案例展示

(一)入情入境的课堂互动，优化词汇教学

【案例一】利用极简技术“一键秀”进行词汇教学

教学内容：在讲授“称呼类的词汇”时，以前很多英语教师运用信息技术，如制作 Flash 动画，并在动画中设计家庭成员对话，这种方式虽然教学效果好，但是 Flash 动画软件的操作难度很大，制作起来费时费力。下面给大家推荐一款极简小程序，几分钟就能制作“称呼类词汇”视频，并用于课堂教学互动，从而让学生在观看视频的过程中，“进入”视频情境，使他们不自觉地开口说英语，提高学生的口语表达能力。特别提出的是，教师应调控好情境设置与词汇教学之间的关系，善用媒体创设情境，调动学生的词汇学习兴趣，将词汇与情境巧妙结合，这样的“全息英语课堂”能够带给学生丰富、立体、多元化的学习体验。下面介绍“一键秀”小程序的操作方法。

第一步：搜索微信小程序“一键秀”，然后登录，见下图 3-3-1①。

第二步：进入“一键秀”，替换图片。点击中间图片，进行图片替换，如图 3-3-1②，点击左下角“+”，在手机相册上传准备好的“Father”的图片。

第三步：长按图 3-3-1③下方的“按住说话”，根据图片内容说出匹配的文字。

① ② ③

图 3-3-1 一键秀操作截图

【案例二】"It's so big."教学(希沃白板 5 的拖动功能)

教师拿出一条巨大的长裤，让几个学生穿一穿。由于裤子太大，学生被"淹没"在长裤中，全班学生因此哈哈大笑。"It's so big."教师抓住时机，用贴切的语气带领学生说此句子。接着教师为一名学生拍照，然后通过希沃将照片导入白板，让学生的照片与大象、鲸鱼等动物的图片进行对比，通过将动物或学生的图片以拖动拉大的夸张方式让学生记忆深刻。

此案例中，教师在教具上采用了夸张手法，学生与裤子本身没有多大吸引力，但经过教师与学生的合作所产生的情趣，带给小学生一种新奇感。这样的情境，会让学生在语言学习中留下深刻的印象，以后在日常生活中只要有类似"大"与"小"悬殊的情景出现，学生就会脱口而出："It's so big / small!"夸张手法在此表现出来的诙谐、幽默的特点，使学生在学习英语时心情舒畅、轻松愉快，肌肉自然放松，使学习处在愉快和安全的环境中。在这种环境中学习英语，可以调动学生的学习兴趣，使学生对学习内容产生好奇心。

(二)轻松极简的课堂互动，优化课堂组织教学

在小学英语课堂教学中，教师会组织各种活动，帮助学生掌握知识。如何让传统的英语教学活动更有趣味性呢？本书推荐点名抢答、游戏互动、同屏教学三个小妙招来优化课堂组织教学的方式。点名抢答可以用班级优化大师或课堂有点酷的击鼓传花功能，游戏互动可以使用希沃白板 5 中的游戏功能，同屏教学建议采用希沃授课助手来实现。

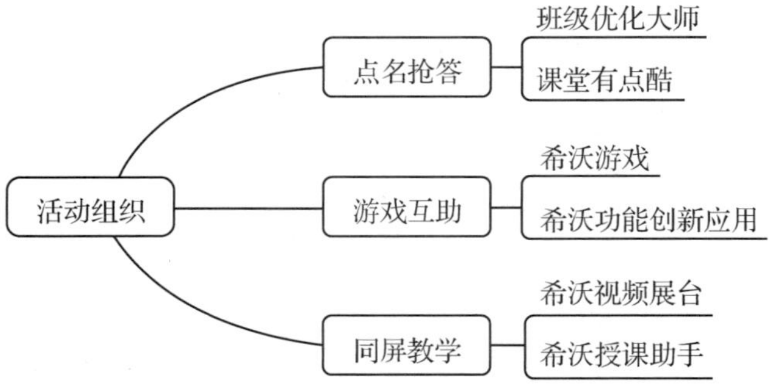

图 3-3-2　活动组织思维导图

1. 点名抢答

教师可以通过班级优化大师或课堂有点酷的击鼓传花功能实现课堂抢答。我们选择这两款 App 进行课堂抢答的原因是：其具有随机性，且伴随着音乐节奏，容易点燃课堂氛围，激活学生的求知欲和表现欲，让学生上课更专注。

①班级优化大师的点名抢答功能。

接下来为大家介绍班级优化大师的点名抢答操作步骤。

第一步：在电脑端输入希沃官网 https：//care. seewo. com/，按提示完成下载、注册和登录，如图 3-3-3 所示。

图 3-3-3　班级优化大师操作截图 1

如果教师是第一次使用班级优化大师，可以点击使用指南，如图 3-3-4 所示。观看教程，再按步骤创建班级、添加学生和给学生分组。注意学生姓名可以批量复制、粘贴，然后导入，教师可以在姓名前加上学号，以利于日后教师的课堂管理。

图 3-3-4　班级优化大师操作截图 2

点击课堂管理，进入图 3-3-5 的界面。由于笔者一直在课堂上使用班级优化大师，因此大家可以看到笔者已经创建好的班级。

图 3-3-5　班级优化大师操作截图 3

点击该班级图标，进入如下界面。在课堂上，点击随机，就可以进入随机点名，即课堂抢答环节。教师可以随机抽取 1 人或多人，如图 3-3-6 所示。

图 3-3-6　班级优化大师操作截图 4

点击“开始抽取”，大屏幕上会出现随机抽取的 2 名学生的姓名，教师可以邀请学生答题或表演，如图 3-3-7 所示。

图 3-3-7　班级优化大师操作截图 5

②课堂有点酷的击鼓传花功能。

接下来为大家介绍课堂有点酷的击鼓传花操作步骤。

第一步：在电脑端搜索课堂有点酷官网 http：//www. ketang. cool，完成注册、登录，进入图 3-3-8 界面。

图 3-3-8 课堂有点酷操作截图 1

第二步：点击“击鼓传花”，进入图 3-3-9 的界面。

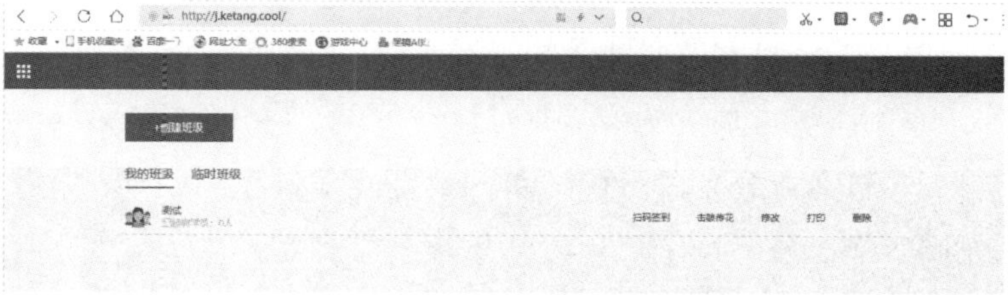

图 3-3-9 课堂有点酷操作截图 2

第三步：点击“创建班级”，进入图 3-3-10 的界面。笔者输入使用测试等信息，点击“新建班级”，完成班级新建。(注意：名字可以批量复制、粘贴操作，但需一行一个)

图 3-3-10 课堂有点酷操作截图 3

完成班级新建后，就会进入图 3-3-11 的界面，教师按任意键，就可以开始击鼓传花游戏互动了。

图 3-3-11　课堂有点酷操作截图 4

如图 3-3-12，到小 D 同学要回答问题啦。

图 3-3-12　课堂有点酷操作截图 5

2. 游戏互动

希沃白板 5 的游戏功能十分强大，交互性很强，也便于学生参与，因此深受师生喜爱。如何使用希沃白板 5 的游戏功能呢？

第一步：教师需在希沃官网下载希沃白板 5，完成安装，然后进行注册、登录。登录后，创建一个新的空白课件，点击上方的课堂活动，出现图 3-3-13 的界面，有趣味分类、超级分类、选词填空、知识配对、分组竞争、判断对错等活动。

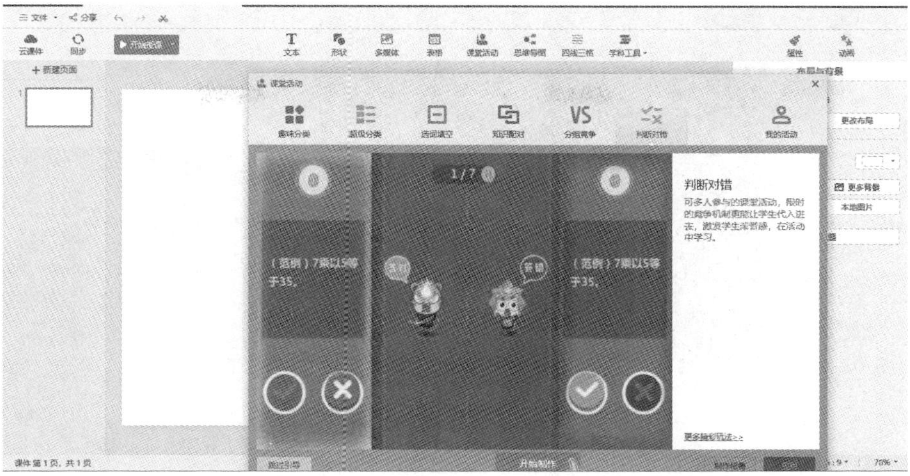

图 3-3-13　希沃白板 5 课堂活动截图 1

第二步：尝试各种课堂互动活动。如果您是新手不会使用，想给学生设置判断对错的游戏，则选择判断对错，如图 3-3-14 所示。

图 3-3-14　希沃白板 5 课堂活动截图 2

第三步：点击“更多精彩玩法”，页码会自动跳转到课堂活动制作秘籍短视频。如果教师担心自己不会操作，点击应用进行实操，你会发现还有一步一步的操作提示，按步骤操作即可。

本书想要强调的是技术并不难，难在教师要基于英语学科特征和学生的学习能力，花心思设计教学；游戏只是其中的一种形式。本书更建议大家跳开游戏模板，进行游戏的创新设计和应用。如用形状功能和拾色器功能做出“秒变”的视觉效果，用蒙层功能设计抢红包游戏等。接下来给大家分享“秒变”如何制作。首先在课件页面中插入一只老虎图像，见图 3-3-15 所示。

图 3-3-15　希沃白板 5 课堂活动截图 1

接下来，点击“形状”，插入一个形状，将老虎遮挡起来，点击右边的“形状”，然而点击“填充”，在下拉菜单的最下面就有拾色器，如图 3-3-16 所示。

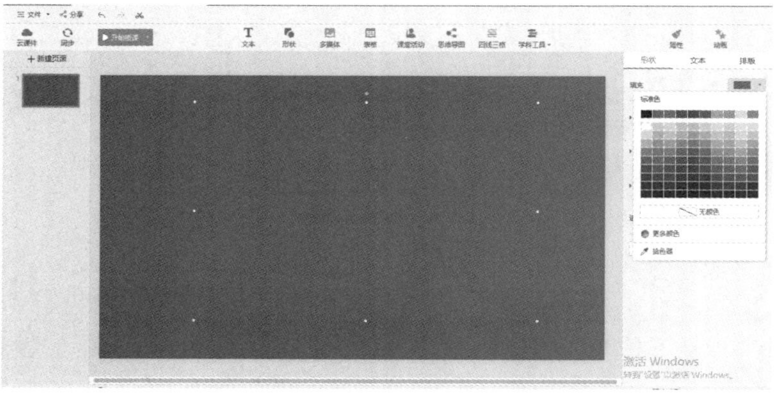

图 3-3-16　希沃白板 5 课堂活动截图 2

点击“拾色器”，将鼠标移到绿色背景部分，你就会发现遮挡的形状也变成了绿色，如图 3-3-17 所示。

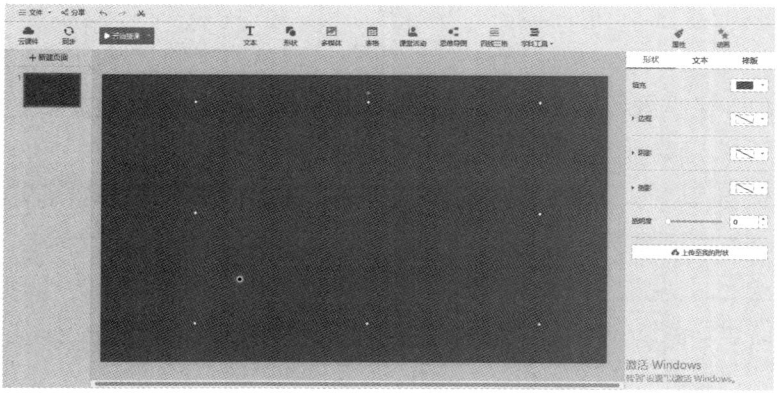

图 3-3-17　希沃白板 5 拾色器使用步骤截图

课上教师可以找一个学生上台来拖动形状，然后一只老虎就走出来了，从而吸引学生的注意力。教师可以在课件中配上老虎的英文单词 tiger 和音标。

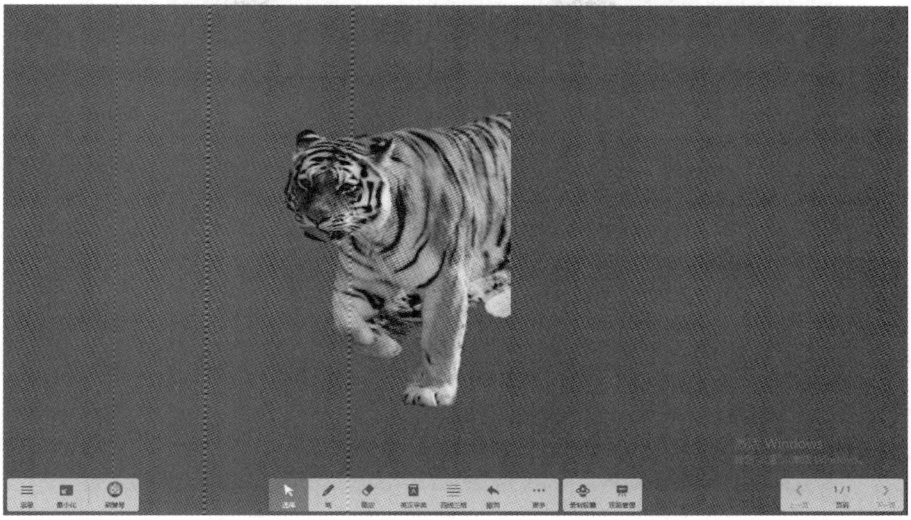

图 3-3-18　希沃白板 5 操作截图

在王子微课程的公众号里，还有很多希沃白板 5 交互白板的创新应用小妙招，感兴趣的教师可以自行学习，并结合自己的班情，进行创新应用。

3. 同屏教学(希沃授课助手)

根据教学内容的安排，教师通常会组织学生开展观察、模仿、体验、探究等小组合作学习，并要求学生画思维导图，完成短对话、表演节目等。在最后的呈现环节，如何让全班学生都能看清楚和欣赏小组合作后的成品呢？如果是图片、文字等，教师可借助希沃视频展台或希沃授课助手呈现；如果是表演类活动，教师则只能借助希沃授课助手开展同屏教学。希沃授课助手如何使用呢？

教师需确保教室多媒体和手机上都下载了希沃授课助手，且在使用时，需处于同一局域网中。如果教师担心教室网络不稳定，可以打开手机热点，让教室的多媒体设备连上手机的热点 WiFi。根据笔者同屏教学的实战经验，这在常规教学中是可行的。接下来为大家介绍希沃授课助手的操作步骤。

第一步：用电脑和智能手机下载并安装希沃授课助手，在多媒体端会出现图 3-3-19 的界面，教师用手机端希沃授课助手进行扫描、登录即可。连接成功后，会显示已连接。

图 3-3-19　电脑端希沃授课助手操作截图

此时教师的手机端会出现图 3-3-20①的界面。教师如果点击屏幕同步，就会出现电脑桌面同步和手机屏幕同步的选项，如图 3-3-20②。教师如果想展示学生作品，可以点击“手机屏幕同步”，就会出现图 3-3-20③的界面。

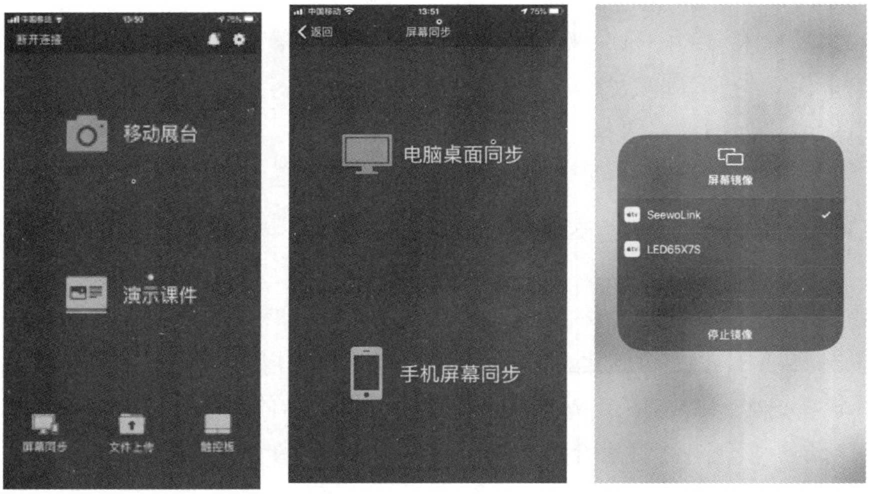

①　②　③

图 3-3-20　手机端希沃授课助手

点击“开始投屏”前，需打开手机的镜像功能，如图 3-3-21，这样教师就可以向学生展示照片、视频等资源了。教师只需在小组合作期间，拍好需要展示的学生作品或视频，即可进行展示，并进行相关的教学活动。

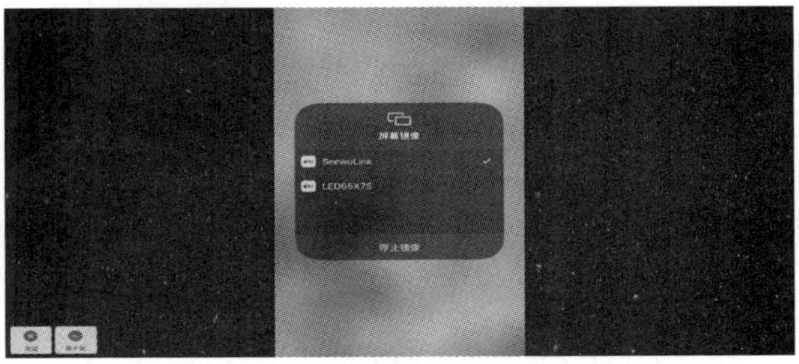

图 3-3-21　希沃授课助手操作截图 1

镜像功能对网络的要求较高，对手机也有一定的要求。如果教师担心课堂教学出状况的话，可以采用文件二传功能。点击文件上传，教师就可以选择想给学生看的图片或视频资源了。假如教师想给学生展示麋鹿图片，勾选该图片，进行上传，如图 3-3-22①所示，上传后，手机界面就会进入图 3-3-22②。补充说明一下，控制版是方便教师操作课件的，在图 3-3-23 的右下角。

①　　　　②

图 3-3-22　希沃授课助手操作截图 2

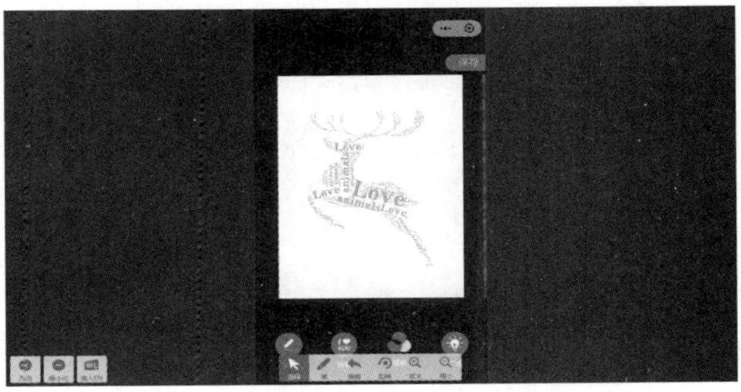

图 3-3-23　希沃授课助手操作截图 3

第四节

极简教育技术优化教学评价

《义务教育英语课程标准(2022 年版)》指出：坚持以评促学、以评促教，将评价贯穿英语课程教与学的全过程。注重发挥学生的主观能动性，引导学生成为各类评价活动的设计者、参与者和合作者，自觉运用评价结果改进学习。注重引导教师科学运用评价手段与结果，针对学生学习表现及时提供反馈与帮助，反思教学行为和效果，教学相长。

如何进行有效的评价是小学英语课堂教学的“点睛”之笔，是实现英语课程教学目标的重要保证。

教育家苏霍姆林斯基曾说道，教师如果不能想方设法使学生产生情绪高昂和智力振奋的内心状态，而只是不动感情的脑力劳动，就会带来疲倦。在小学英语教学中，教师应注重过程评价和终结性评价相结合，注重培养小学生学习的积极性和自信心。借助极简教育技术优化小学英语评价方式，促进小学生的综合素养的全面发展和核心素养的落地实施。这不仅是评价体系的创新和变革，还带来了评价理念、评价方法与手段以及评价实施过程的重大转变。

一、英语评价的常见问题

问题一：评价方法单一，大多以教师评价为主。

在日常教学中，大部分教师仍然习惯以教师评价代替生生评价、家长评价。即使有部分教师意识到评价主体的多元化，也苦于没有更好的手段将生生评价和家长评价落到实处。

问题二：评价内容不全面，多数倚重学科知识进行评价。

对学生的考核评价上，大部分教师往往以考试来检测学生对学科知识的掌握程度，而忽视了其实践能力、创新精神、心理素质以及情绪、态度和习惯等综合素质的考查。

问题三：评价方式不合理，仍以传统的纸笔考试为主。

在评价方式上，大部分教师思想固化，评价方式仍停留在传统的考试上，而忽略了体现新评价思想的质性评价手段和方法。

二、英语融创课堂评价的策略

课堂评价是具有导向功能的一种教学策略。教师在教学评价内容的选择上应注重多维度筛选甄别。学生是学习的主体，教师在进行评价时应坚持以人为本，尊重每一个学生。兴趣是学生学习的最大动力，教学活动中的评价应符合学生身心特点，激发学生参与学习的热情。借助极简教育技术，如何让这样的评价效果最大化，需掌握以下三个原则。

(一)多元评价，以评促能的策略

学生是评价的主体，只有让学生参与评价，才能最大限度地激发学生学习的动机与兴趣。学生个体有差异，关注学生的个性化发展，在极简教育技术的支持下开展师生评价、生生评价、家长评价等多元评价，让教学双方都能在反思中进步成长。

(二)多维评价，以评导学的策略

教师在评价内容的选择上应注重多维度筛选甄别。英语教师应根据课程标准规定的语言知识和技能、情感态度、学习策略和文化意识五个方面选择评价内容，借助极简教育技术开展多维评价，提高教学效率。

(三)多样评价，以评促学的策略

丰富多样的评价方式能激发教学活动，促进学生发展。作为英语教师的我们，如果能够根据教学任务和性质，融合极简教育技术选择合适的评价形式，就能促进学生主动参与学习。如新授课以口语和听力为主，教师在进行评价时，可以选择能互评的极简教育技术促成个体评价和小组群体评价相结合的方式。以读写为主的训练课，英语教师则可以选择人工智能评价，实现教师评价和小组群体评价相结合。

三、英语课堂评价策略应用及案例展示

(一)兼顾评价主体，充分发挥学生的主观能动性

1. 自我评价

如人教版四年级下册 Unit 5 My clothes B Read and Write 部分，教师可以用

课堂表现评价表引导学生对自己的表现进行评价。这种评价不仅有助于学生大胆表达，同时也让学生充分并正确地认识自我。

【案例】课堂表现评价表 得星数

How do you think of yourself?

①认真思考，专心聆听。☆

②大胆流畅地用英语表达。☆☆

③能读懂、理解文章。☆☆☆

④书写端正漂亮，符合句子三要素。☆☆☆☆

2. 生生评价

生生评价指的是学生之间进行相互评价。心理学家发现，人在与同龄人的交流过程中，更容易接受对方的意见，也更容易吸收对方的知识。英语教师应积极引导学生进行相互评价，让学生成为课堂的“主人”。教师可以组织两种形式的“生生互评”，一是小组内的“生生互评”，小组成员间互评能够激活学生思维，也为更多的学生提供参与互评、锻炼表达的机会；二是全班性的“生生互评”，学生之间进行交流和讨论，使他们能够进一步清楚自己的问题，从而进行自我反思和评价，取得更好的学习效果。

(二)丰富评价内容，多维发展学生的综合能力

在设计教学评定量表时，教师不能简单地在课堂上用“1，2，3，4，5”代表各个小组，以加减分的形式，开展小组量化的评价，而要紧扣所授单元的教学主题，从主题着手，寻找设计教学评定量表的切入点，让教学与评价合二为一。在评价中就能看到我们的教学内容，达到教学中有评价，评价中有教学的教学效果，让学生进入以教学内容为背景的评价环境中。在部编版小学英语四年级下册 Unit 4 At the farm 的对话表演中，本课语言知识与技能要求学生能听说、认读本课内容。针对这一要求，在制作评定量表时，可根据学生实际，从听、说、读、写方面出发，采用分层次加星，这样的评价方式不仅考虑了每个学生的学习情况，而且注重学生综合能力的培养。

【案例】表演评价表 得星数

①能分角色准确朗读 ☆

②能分角色有感情地朗读 ☆☆

③能分角色有感情地朗读并有生动表演 ☆☆☆

(三)创新评价方式，促进学生全面发展

学习评价对学生来说非常重要。当学生接受真诚的评价和表扬，学生将获得成就感，从而保有学习的兴趣。那么在课堂教学和期末评语中，教师如何及时、

客观、高效地对学生进行评价呢？本书推荐班级优化大师的及时点评功能。如果班主任能组织所有科任教师使用班级优化大师，那么该学生将得到各科全面的评价。如果家长也同步下载和注册班级优化大师，这样教师在对学生的表现进行了点评之后，家长也能同步看到这些评价，并且对正向评价给予进一步的强化，对不足的地方，进行及时引导，使学生养成好的学习习惯。那么班级优化大师的及时点评功能如何实现，咱们之前介绍过班级优化大师的点名抢答功能，你会发现右下角就有“发送点评”，也就是说，教师在课堂上的操作，家长在手机端就能收到同步点评，如图 3-4-1 所示。

图 3-4-1　班级优化大师及时点评功能截图 1

如何进行系统而全面的点评呢？这要回到班级优化大师使用的第一步创建班级，如图 3-4-2 所示。

图 3-4-2　班级优化大师及时点评功能截图 2

完成创建班级后，添加学生，进入设置点评类型。希沃平台给教师提供了一些模板，但笔者建议教师可以根据自己班级的情况，进行修改完善，从而达到更好的评价效果，如图 3-4-3 所示。

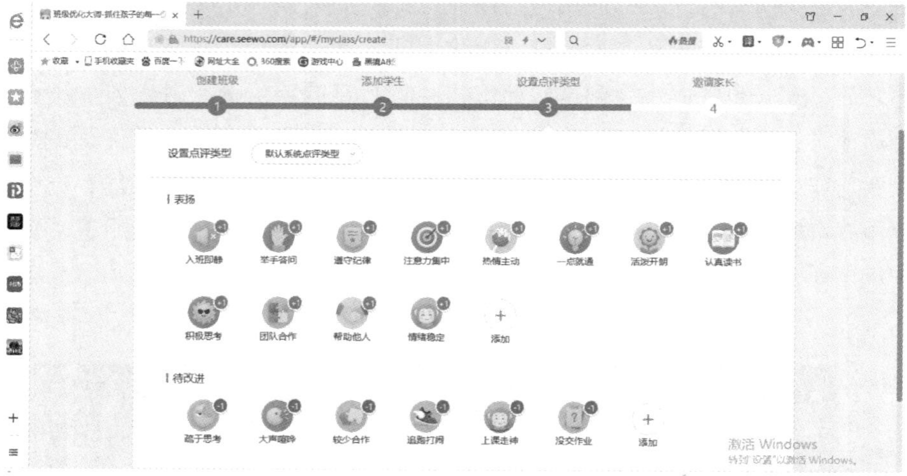

图 3-4-3　班级优化大师及时点评功能截图 3

假如教师想添加“回答精彩加 2 分”，则点击表扬栏后面的“+”进行添加即可，如图 3-4-4 所示。教师对各类评价和加分做好修改后，在课堂或者班级常规管理中，就可以据此来加减分了，且家长能同步看到。

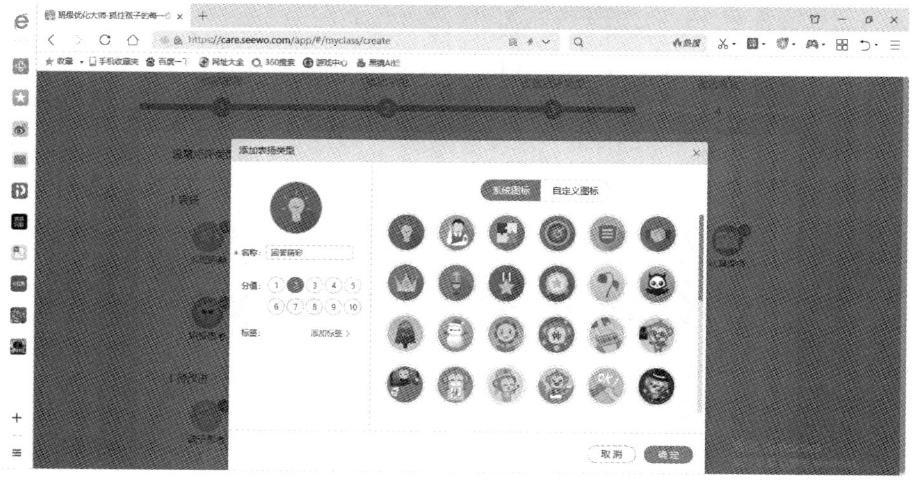

图 3-4-4　班级优化大师及时点评功能截图 4

期末到了，教师要给班里每个学生写学期评语，主科教师一般带 2 个班，大约 100 名学生，教师如何做到给每名孩子的评语都客观全面呢？教师同样可以借助班级优化大师来实现。

打开手机端班级优化大师 App，进入自己的班级，点击右上角“…”，进入图 3-4-5①界面，点击 AI 智能评语，进入图 3-4-5②界面，大家会看到每个学生的不同评语。点击导出全班评语，进入图 3-4-5③界面。

①　　②　　③

图 3-4-5　班级优化大师评语功能截图

在图 3-4-6 界面，点击“导出评语”，再转发到电脑上。大家可以清晰地看到这是 2020 年 5 月到 2020 年 10 月教师对学生的日常表现评价。笔者建议教师在 AI 智能评语的基础上，结合教师与每个学生相处时的感受，对评语进行修改润色，做好正向引导，再发给学生和家长。这样的评价，既有事实依据，又有教师的主观判断，相对来说客观而全面。教师可能有疑问，这些数据和评价是如何形成的？这就在于教师每天的课堂教学和常规管理工作中，常态化地用好班级优化大师，就能形成这些数据，让大数据减轻教师的工作负担，助力教师进行更优质的学生评价。

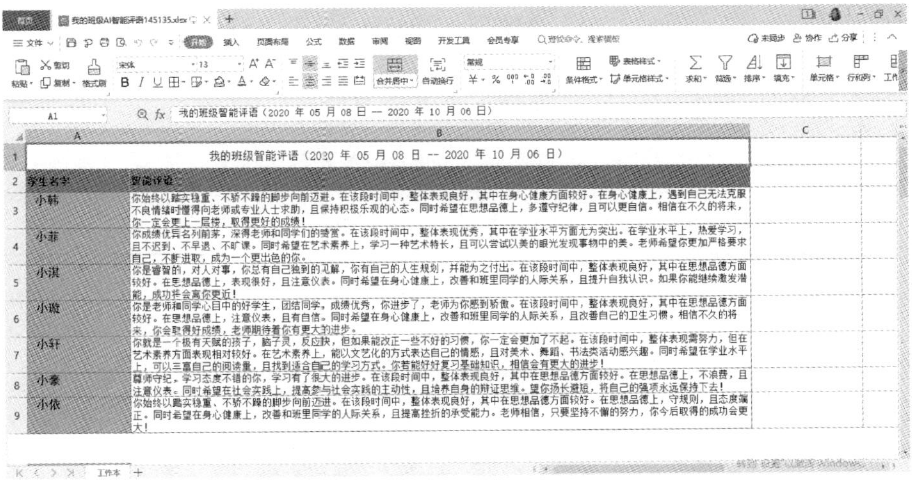

我的班级智能评语（2020 年 05 月 08 日 -- 2020 年 10 月 06 日）

学生名字	智能评语
小韩	你始终以踏实稳重、不骄不躁的脚步向前迈进。在该段时间中，整体表现良好，其中在身心健康方面较好。在身心健康上，遇到自己无法克服不良情绪时懂得向老师或专业人士求助，且保持积极乐观的心态。同时希望在思想品德上，多遵守纪律，且可以更自信。相信在不久的将来，你一定会更上一层楼，取得更好的成绩！
小菲	你成绩优异名列前茅，深得老师和同学们的赞赏。在该段时间中，整体表现优秀，其中在学业水平方面尤为突出。在学业水平上，热爱学习，且不迟到、不早退、不旷课。同时希望在艺术素养上，学习一种艺术特长，且可以尝试以美的眼光发现事物中的美。老师希望你更加严格要求自己，不断进取，成为一个更出色的你。
小淇	你是睿智的，对人对事，你总有自己独到的见解，你有自己的人生规划，并能为之付出。在该段时间中，整体表现良好，其中在思想品德方面较好。在思想品德上，表现很好，且注意仪表。同时希望在身心健康上，改善和班里同学的人际关系，且提升自我认识。如果你能继续激发潜能，成功将会离你更近！
小璇	你是老师和同学心目中的好学生，团结同学，成绩优秀，你进步了，老师为你感到骄傲。在该段时间中，整体表现良好，其中在思想品德方面较好。在思想品德上，注意仪表，且有自信。同时希望在身心健康上，改善和班里同学的人际关系，且改善自己的卫生习惯。相信不久的将来，你会取得好成绩，老师期待着你有更大的进步。
小轩	你就是一个极有天赋的孩子，脑子灵，反应快，但如果能改正一些不好的习惯，你一定会更加了不起。在该段时间中，整体表现需努力，但在艺术素养方面表现相对较好。在艺术素养上，能以文艺化的方式表达自己的情感，且对美术、舞蹈、书法类活动感兴趣。同时希望在学业水平上，可以三富自己的阅读量，且找到适合自己的学习方式。你若能好好复习基础知识，相信会有更大的进步！
小豪	尊师守纪，学习态度不错的你，学习有了很大的进步。在该段时间中，整体表现良好，其中在思想品德方面较好。在思想品德上，不浪费，且注意仪表。同时希望在社会实践上，提高参与社会实践的主动性，且培养自身的辩证思维。望你扬长避短，将自己的强项永远保持下去！
小依	你始终以踏实稳重、不骄不躁的脚步向前迈进。在该段时间中，整体表现良好，其中在思想品德方面较好。在思想品德上，守规则，且态度端正。同时希望在身心健康上，改善和班里同学的人际关系，且提高挫折的承受能力。老师相信，只要坚持不懈的努力，你今后取得的成功会更大！

图 3-4-6　班级优化大师导出评语截图

这样一来，极简技术就能真正为教师所用，技术将不再艰深难学，教学也变得高效而有趣。

第四章 极简技术优化小学英语课堂教学之教学案例研究

义务教育阶段的英语课程承担着培养学生基本英语素养和发展学生思维能力的任务。本章将从听、说、读、写能力的培养要求出发，分析小学英语学科目前存在的问题，该学科可以使用的极简教育技术工具和融合策略，并提供来自一线教师的获奖课例，每个课例后面都会附上融合策略分析和专家点评，希望英语教师能够尽快学以致用，提升自己的英语课堂效能。

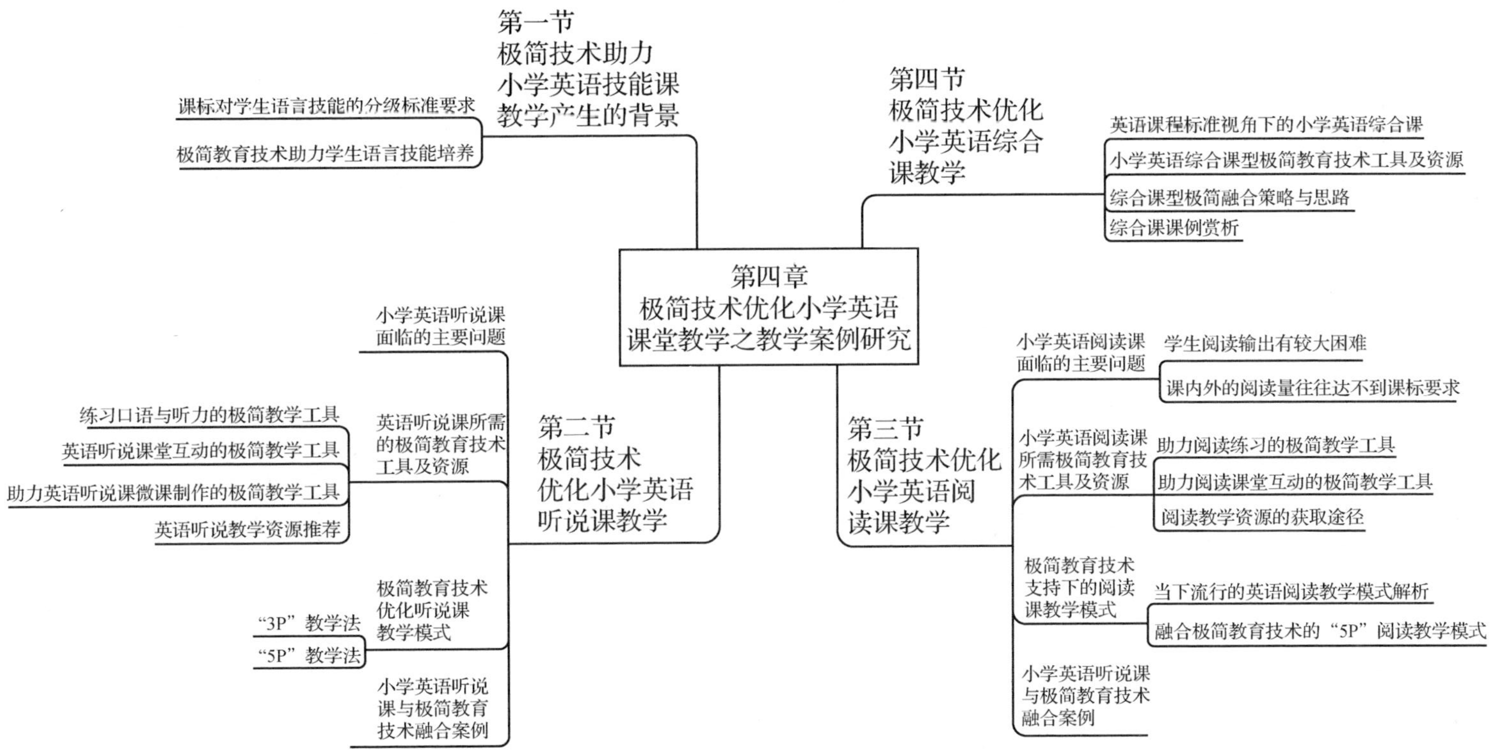
第四章
极简技术优化小学英语
课堂教学之教学案例研究
第一节
极简技术助力
小学英语技能课
教学产生的背景
课标对学生语言技能的分级标准要求
极简教育技术助力学生语言技能培养
第二节
极简技术
优化小学英语
听说课教学
小学英语听说课
面临的主要问题
英语听说课所需
的极简教育技术
工具及资源
练习口语与听力的极简教学工具
英语听说课堂互动的极简教学工具
助力英语听说课微课制作的极简教学工具
英语听说教学资源推荐
极简教育技术
优化听说课
教学模式
“3P”教学法
“5P”教学法
小学英语听说
课与极简教育
技术融合案例
第三节
极简技术优化
小学英语阅
读课教学
小学英语阅读课
面临的主要问题
学生阅读输出有较大困难
课内外的阅读量往往达不到课标要求
小学英语阅读课
所需极简教育技
术工具及资源
助力阅读练习的极简教学工具
助力阅读课堂互动的极简教学工具
阅读教学资源的获取途径
极简教育技术
支持下的阅读
课教学模式
当下流行的英语阅读教学模式解析
融合极简教育技术的“5P”阅读教学模式
小学英语听说课
与极简教育技术
融合案例
第四节
极简技术优化
小学英语综合
课教学
英语课程标准视角下的小学英语综合课
小学英语综合课型极简教育技术工具及资源
综合课型极简融合策略与思路
综合课课例赏析

第一节

极简技术助力小学英语技能课教学产生的背景

一、课标对学生语言技能的分级标准要求

《义务教育英语课程标准(2022 年版)》指出：语言技能分理解性技能和表达性技能，具体包括听、说、读、看、写等方面的技能及其综合运用。听、读、看是理解性技能，说、写是表达性技能。语言技能中的“看”通常指利用多模态语篇中的图形、表格、动画、符号，以及视频等理解意义的技能。理解多模态语篇，除了需要使用传统的阅读技能之外，还需要观察图表中的信息，理解符号和动画的意义。理解性技能和表达性技能在语言学习过程中相辅相成、相互促进。

课程标准对小学阶段学生的语言技能目标进行了分级解读，一级为 3～4 年级学段应达目标，二级为 5～6 年级学段应达目标。同时，兼顾小学英语开设起始年级区域差异，课程内容还设置预备级和三个“级别＋”。预备级主要满足 1～2 年级教学需要，以视听说为主。“级别＋”为学有余力的学生提供选择。表 4-1-1、表 4-1-2 附小学生英语一级、二级语言技能分级标准。

表 4-1-1　语言技能内容要求(一级、一级＋)

语言技能	内容要求
理解性技能	1. 理解课堂中的简单指令并作出反应； 2. 根据图片和标题，推测语篇的主题、语境及主要信息； 3. 在听、读、看的过程中有目的地提取、梳理所需信息； 4. 推断多模态语篇(如动画、图书及其他印刷品的封面和封底、邀请卡及贺卡)中的画面、图像、声音、色彩等传达的意义； 5. 借助语气、语调、手势和表情等推断说话者的情绪、情感、态度和 意图； 6. 课外视听活动每周不少于 30 分钟； 7. 课外阅读量累计达到 1500～2000 词。

续表

语言技能	内容要求
表达性技能	1. 在语境中与他人互致简单的问候或道别； 2. 演唱所学的简单英语歌曲； 3. 大声跟读音视频材料，正确朗读学过的对话、故事和文段； 4. 交流简单的个人和家庭信息，如姓名、家庭情况等； 5. 表达简单的情感和喜好，如喜欢或不喜欢、想要或不想要； 6. 简单介绍自己的日常起居和生活，如作息时间、一日三餐、体育活 动、兴趣爱好等； 7. 简单介绍自己的学校和学校生活，如学校设施、课程、活动，以及 同学、老师等； 8. 简单介绍自己喜欢的动物，如外形特征和生活环境等； 9. 用简单的语句描述图片或事物； 10. 在教师指导下进行简单的角色扮演； 11. 正确书写字母、单词和句子； 12. 根据图片或语境，仿写简单的句子。
	＋1. 在画面的提示下，为所学对话、故事或动画片段配音； ＋2. 口头描述事件或讲述小故事。

表 4-1-2　语言技能内容要求(二级、二级＋)

语言技能	内容要求
理解性技能	1. 理解日常学习和生活中的简单指令，完成任务； 2. 借助图片、图像等，理解常见主题的语篇，提取、梳理、归纳主要信息； 3. 在听和读的过程中，根据上下文线索和非文字信息猜测语篇中词汇的意思，推测未知信息； 4. 归纳故事类语篇中主要情节的发生、发展与结局； 5. 对语篇中的信息进行分类； 6. 比较语篇中人物、事物或观点间的相似性和差异性，尝试从不同视角观察、认识世界； 7. 概括语篇的主要内容，体会主要信息之间的关联； 8. 理解多模态语篇(如动画、海报、图书及其他印刷品的封面和封底等)传达的意义，提取关键信息； 9. 课外视听活动每周不少于 30 分钟； 10. 课外阅读量累计达到 4000～5000 词。
	＋阅读有配图的简单章节书，理解大意，对所读内容进行简单的口头概括与描述。

续表

语言技能	内容要求
表达性技能	1. 运用所学的日常用语与他人进行简单的交流，如询问个人基本信息； 2. 完整、连贯地朗读所学语篇，在教师指导下或借助语言支架，简单复述语篇大意； 3. 围绕相关主题和所读内容进行简短叙述或简单交流，表达个人的情感、态度和观点； 4. 在教师帮助下表演小故事或短剧； 5. 简单描述事件或讲述简单的小故事； 6. 围绕图片内容，写出几句意思连贯的描述； 7. 模仿范文的结构和内容写几句意思连贯的话，并尝试使用描述性词语添加细节，使内容丰富、生动； 8. 正确使用大小写字母和常见标点符号，单词拼写基本正确； 9. 根据需要，运用图表、海报、自制绘本等方式创造性地表达意义。
	＋1. 结合相关主题进行简短的主题演讲，做到观点基本明确、逻辑比较清楚、语音正确、语调自然； ＋2. 结合主题图或连环画，口头创编故事，有一定的情节，语言基本准确。

教师应以“语言技能标准”为行动指南，开展教学活动，多创设真实的语言情境，让学生在情境中学习语言，从而提高学生的语言应用能力。但就近年来的小学生英语学习效果来看，学生的英语语言应用能力还是不强。虽然有不同的层级标准要求，但是选择什么样的方式或是借助什么样的手段来培养学生的英语语言技能仍是当前小学英语教学中亟待解决的问题。

二、极简教育技术助力学生语言技能培养

美国语言学家克拉申的输入假说认为，语言习得是通过理解信息，即通过接受“有效的理解性输入”而产生的。有效的输入是指总体语言难度不超过学习者的学习能力，既能被学习者所理解，又包含略高于学习者现有能力的语言知识。如果学习者现有水平为 i，那么输入应为一个小的递进，教师要确保输入的听力文本在学生现有水平的 i＋1 难度，太难或太易都不利于学生听、说 、读、写等语言能力的发展。

在小学英语教学中，教师应该将培养学生的听、说、读、写等语言技能摆在首要位置，努力创造语境，让学生在课堂上学以致用。但是如何创造语境来培养学生在语言实践中进行语言运用的能力，一直是英语教师亟待解决的问题。

任务型教学(Task-based Language Teaching)是指教师通过引导语言学习者在课堂上完成任务来进行的教学。这是一种强调“在做中学”的语言教学方法。“做中学”原则给予我们提示：学生需要在特定的主题语境下，运用所学的语言知

识去分析、解决实际的语言问题，促成学生的语言知识向语言能力转化。

大卫·纽南(David Nunan)总结了任务型教学应该遵循的五个原则：言语、情景真实性原则(authenticity principle)、形式—功能性原则(form-function principle)、任务相依性原则(task dependency principle)、在做中学原则(learning by doing)、脚手架原则(scaffolding)。

在小学英语听、说、读、写课的教学中，教师需从整体思考，深入解读文本，巧妙利用各种多媒体资源，围绕对话主题创设连贯、真实的情境，对学生实施任务教学，使学生在情境中感悟文本、内化语言，从文本走向真实的对话交流，在注重语言知识学习和听、说、读、写能力培养的同时，关注学生学习能力、写作能力的发展。

要完成学生语言运用能力的任务教学，极简教育技术将以极简的方式创设真实的言语、情境；也能通过技术与教学的深度融合，让每一个教学任务相互依靠、互相支持；当然这更是实现学生语言任务教学、培养学生在语言实践中运用语言能力的脚手架。

第二节

极简技术优化小学英语听说课教学

小学英语听说课的教学内容是小学阶段英语学习的重点和难点。目前正在使用的各类英语教材的编排设计都要从学生现实生活出发，提倡实践、参与、探究、体验的学习方式，注重语感和交流能力的培养。因此，教师应尽可能地研读文本，创设较为真实的语境，为学生提供运用所学语言的机会。学生英语听说能力的强弱在某种程度上体现了其英语综合运用能力的强弱。

一、小学英语听说课面临的主要问题

目前，小学生英语听说课的共性问题有两个：一是小学生在有限的时间内无法理解所听文本的语言信息，且语言输入量达不到课标要求。二是小学生无法内化所听文本的语言知识，导致无法输出或输出较少，不足以达到发展小学生语言表达能力的要求。

二、英语听说课所需的极简教育技术工具及资源

极简教育信息技术的运用可以助力小学英语听说教学。教师可以借助极简教育信息技术搜集更多优质教学资源，开展更加高效的英语听说教学。这样不仅可以帮助学生迅速理解教学内容，更可以营造真实的语用场景，让学生开口说英语。笔者根据实际教学中常采用的一些软件，分类整理了以下利于促进英语听说能力培养的工具，见表 4-2-1、表 4-2-2、表 4-2-3、表 4-2-4。

(一)练习口语与听力的极简教学工具

表 4-2-1 口语与听力练习的极简教学工具

类型	极简教学工具	使用建议及说明
App	少儿趣配音	可以布置配音练习，让学生在配音模仿中自然习得语言。
	E 英语宝	在内容上，与当前主流小学英语教材完全匹配，可以进行课文点读、课文动画配音、语音测评等。
	英语流利说	英语流利说中包含各种各样的口语课程，能够应对多个场景，帮助学生提升英语口语能力。
	扇贝听力	扇贝单词、扇贝阅读、扇贝听力、扇贝口语四大应用让学生在手机上就可以完成整个学习过程，有效提升英语词汇学习及听、说、读、写能力。
微信小程序	微软听听	可以让学生将喜欢的英语短文转成听力，进行听力或朗读训练。
	讯飞快读	学生口述英语短对话或小作文，软件可以将口述秒变文字，教师可以对文字进行修改，培养学生由说到写的英语转换能力。
其他技术	一起作业	一起作业是一个学生、教师和家长三方互动的作业平台，教师轻松推荐练习，学生快乐做作业，家长可以定期查看学生的学习进度及报告，情景交融的学习模式，让孩子快乐学英语。

(二)英语听说课堂互动的极简教学工具

表 4-2-2 课堂互动的极简教学工具

序号	极简教学工具	使用建议及说明
1	问卷星	可用于课前的学生学情问卷调查。
2	UMU 互动	便于师生在课堂上使用听说练习进行在线互动学习，并反馈实时成果。
3	101 教育 PPT	英语词汇卡工具，设置猜词游戏等活动。
4	希沃白板 5	希沃白板聚光灯、蒙层功能等聚焦课堂内容，开展课堂互动创新游戏。
5	课堂有点酷	纸条范、击鼓传花、快抢可用于课堂点名抢答等。
6	手机投屏	可通过投屏展示手机上的图片、视频等教学资源，增强课堂教学的互动性。
7	希沃授课助手	拍照上传、课件展示，增强课堂教学的互动性。
8	班级优化大师、钉钉、班级空间	可用于学生作品展示、家校沟通等。

（三）助力英语听说课微课制作的极简教学工具

表 4-2-3　微课制作的极简教学工具

类型	极简教学工具	使用建议及说明
App	剪映	使用方法可参见前面的章节，具体的应用要与课堂教学环节紧密结合（鼓励师生共同参与制作，这样效果会更好）。
	快影	
	票圈视频	
	UMU 互动	
微信小程序	手绘微课 pro	
	一键秀	
电脑端技术	快剪辑	
	爱剪辑	
其他技术	WPS、剪辑师	可以录屏，录制微课。
	格式工厂	可用于音视频资源的格式转换，便于资源存储和使用。

（四）英语听说教学资源推荐

表 4-2-4　英语听说教学资源

序号	教学资源	使用建议及说明
1	可可英语	听力资源、英文歌曲。
2	国家中小学网络云平台	视频课程。
3	人教数字教材	配套教材动画、教学辅助工具等。
4	贝壳网	一课一网，配套教材。
5	秒懂百科、腾讯视频等	丰富的视频资源。

三、极简教育技术优化听说课教学模式

（一）“3P”教学法

“3P”教学法是在 20 世纪 70 年代形成的交际语言教学（Communicative Language Teaching，即 CLT）模式下的产物。“3P” 教学法把语言教学分为三个阶段：演示（presentation）→ 操练（practice）→ 成果（production）。

“3P”教学法是在结构主义教学法上发展起来的交际教学法，它重视语言的结构特征分析，强调词汇、句式和语法的传授，是一种要求语言准确无误的交际法教学。小学生刚开始接触英语，他们需要掌握准确的语用表达，所以“3P”教学法在小学英语课堂依旧非常实用。

(二)“5P”教学法

“3P”教学法强调语言的结构和功能，但在某种程度上却忽视了学生语言习得的规律，片面的语言结构分析和假设的交际情境并不能激发他们对语言的学习兴趣和参与动机，这会造成学生在课堂上表现非常好，但实际却无法进行流利地交际。

结合语言习得规律，突出活动的真实性和交际性，在新课程实施后，刘道义、龚亚夫等专家根据英语课程标准，提出并发展了“5P”教学模式，见表 4-2-5、表 4-2-6。

表 4-2-5 “5P”教学法

步骤	功能	方式
准备(Preparation)	承前启后，导入新话题，激活学生的背景知识和经验，启发学生进行想象和预测。	采用音视频导入、头脑风暴、游戏激活等方式进行课前导入。
呈现(Presentation)	呈现新知识，帮助学生学习和掌握该节内容所涉及的单词、句型等。	采用实物、动作、图画、简笔画、教学课件等方式来呈现，必要时辅以英语或汉语解释。
操练(Practice)	操练新语言知识，这种练习通常是控制性的，包括从非交际性到有意义的交际性练习。	采用 pair work、group work、role play 等各种形式，开展口头或笔头练习。
生成(Production)	开展真实的语言运用，发展学生的综合语言运用能力，使活动再现真实情境。	采用布置任务型活动，进行小组合作。
提高(Progress)	通过“总结”和“检查”等评价方式来巩固所获得的知识和经验，让学生在评价中反思，在反思中进步。	采用测试、自我总结或评价的方式进行反思。

表 4-2-6 融合极简教育技术的“5P”教学模式(听说课型)

教学模式及流程	教师活动	学生活动	极简技术的应用
准备(Preparation)	1. 创设情境，以旧带新(用旧句型引出新单词或新句型使用旧单词等)。 2. 头脑风暴，呈现语用场景，引出新话题。	1. 根据教师指令，复习旧知识。 2. 展开头脑风暴，开启新知识的学习。	1. 筛选和整合资源。通过图片、文字、音频、视频等手段创设直观、真实的语境。 2. 互动游戏复习旧知识。 3. 通过以朗诵、歌唱等方式激活已知，或呈现任务，导入新知识。

续表

教学模式及流程	教师活动	学生活动	极简技术的应用
呈现(Presentation)	1. 文本解读，在主题语境中学习新知识。 2. 交际驱动，开展听说训练，活学活用。	1. 在主题语境中，学习文本基础知识。 2. 在听说训练中，学会使用交际句型。	1. 利用音频、动画、视频、E英语宝等教学资源呈现文本。 2. 通过希沃白板5、101教育PPT等互动游戏操练发音，检验朗读效果。 3. 利用希沃白板的跟读对话功能进行朗读指导，让学生模仿记忆，内化核心句型。 4. 通过希沃白板5角色扮演功能，让学生表演对话。
操练(Practise)	1. 任务驱动，搭建语用平台，给学生提供练习和体验的机会。 2. 融入自身，分层互动，发展综合语言运用能力。	1. 完成教师布置的交际任务。 2. 学生融入自身元素，让交际更具实际语用意义。	1. 把学生的作品进行实时投屏(如希沃授课助手)，培养学生倾听和评价的能力。 2. 借助软件和平台(如E英语宝、一起作业等)，让学生现场配音后上传作品，教师随机点击作品，让学生自发点评。 3. 通过专业的学习平台(如钉钉群、班级优化大师等)，进行学习成果的展示，让学习和交流能突破时空限制。
生成(Production)	引导学生围绕教学话题进行英语句型或对话的口头输出。	学生进行口语对话或表演。	利用E英语宝，让学生进行课文配音或对话表演。
提高(Progress)	1. 引导学生进行测试、自我评价和反思。 2. 引导学生在多元化、个性化的方式中体验“做”的快乐，激发学生学习英语的兴趣，提高听说能力。	1. 学生做限时测试或进行自我评价和反思。 2. 将英语学习方式多样化，如进行英语趣配音，制作极简微课等。	1. 利用网络、App来布置作业，如一起作业里的口语练习，趣配音的模仿朗读等。 2. 制作微课帮助学生完善课后学习。

信息技术的有效运用可以轻松构建学习语境，有效激发学生的学习欲望，激活学生的思维，学生不仅能学会知识，还可以大胆自信地表达，有效促进学生综合语言运用能力的发展。

但小学英语教师运用信息技术不能“唯技术论”。在教学中，教师要把握好时机，找到信息技术与传统教学在内容、形式、方法等方面的最佳结合点。教师要始终以英语课程目标为根本出发点，以激发学生兴趣、改善学生的学习方式、提高学习效率为目标，将极简教育技术有效融入英语教学中。

四、小学英语听说课与极简教育技术融合案例

【听说课课例 1】

Shapes Period 1

（案例作者：湖南长沙麓山国际实验小学 廖米佳）

<table>
<tr><td rowspan="2">课 题</td><td rowspan="2" colspan="2">Shapes</td><td>课型</td><td>口语课</td></tr>
<tr><td>课时</td><td>1</td></tr>
<tr><td>教学目标</td><td colspan="4">1. 理解并掌握新单词：shape、circle、square、triangle、rectangle、heart、star。
2. 能听懂句型：What shape is it? 并做出正确的应答：It's a circle。
3. 通过找规律、涂颜色等课堂活动，进行学科的融合，并初步培养学生观察、对比、分析、推理的思维品质。
4. 能够用英语谈论形状和颜色，初步培养综合运用语言的能力。</td></tr>
<tr><td>教学重点</td><td colspan="4">1. 理解并掌握新单词：shape、circle、square、triangle、rectangle、heart、star。
2. 能听懂句型：What shape is it? 并做出正确的应答：It's a circle。</td></tr>
<tr><td>教学难点</td><td colspan="4">通过找规律、涂颜色等课堂活动，进行学科的融合，并初步培养学生观察、对比、分析、推理的思维品质。</td></tr>
<tr><td>教学准备</td><td colspan="4">PPT</td></tr>
<tr><td>教学过程</td><td>教师活动</td><td colspan="2">学生活动</td><td>设计意图及极简技术融合点</td></tr>
<tr><td>Step 1
Preparation</td><td>1. Greetings.

2. Let's guess.
Show some pictures and guess some animals.
What's this?
It's a fish…

3. Show the topic: Shapes</td><td colspan="2">Guess the pictures and answer.

Read the topic: shapes.</td><td>整合形状图片，并通过希沃白板的蒙层功能，猜测由各种形状组成的动物图案，引出主题，引导学生感受这些形状的创意之美。</td></tr>
</table>

Step 2 Presentation	1. Let's watch. Watch a video and show the new words. 2. Let's learn. Show the pictures and learn the new words. (circle square triangle rectangle heart star) 3. Listen and point. 4. Point and say. 5. Let's play. What's missing?	Watch a video. Look and learn the new words. Listen and point. Say the shapes. Play a game.	通过观看视频，了解和学习与形状相关的单词，并通过游戏巩固新单词。
Step 3 Practice	1. Let's put. Put the shapes into correct boxes. 2. Let's find. Show some signs, cakes, balloons, watches, jewels and buildings. What shape can you see? 3. Let's think. What shape is it? 	Two students have a PK. Find the shapes and say. Think and say.	通过希沃互动游戏，激发学生学习的兴趣，帮助学生巩固单词的形和义。 通过让学生发现生活中的形状，培养学生的观察能力，让学生感受到生活中的形状之美。 通过让学生找规律填形状，实现英语和数学学科的融合。通过听音、涂颜色，实现英语和美术学科的融合。初步培养学生观察、对比、分析、推理的思维品质和综合运用语言的能力。

续表

	4. Let's color. Color the picture. 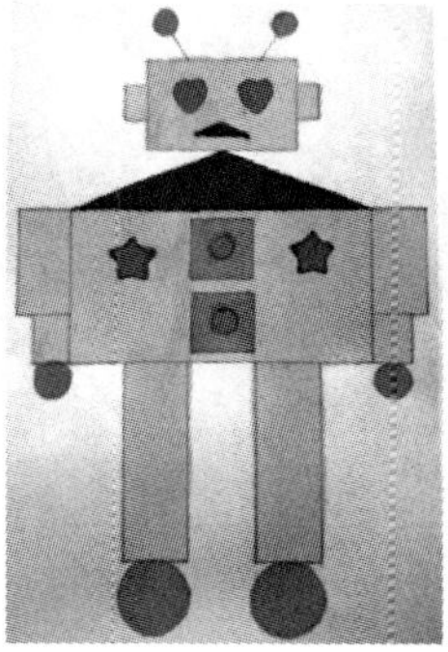 5. Let's talk. It's a rectangle. It's green They are rectangles. They are green.	Color the picture. Talk about the shapes.	
Step 4 小组合 Production	1. Let's watch. 2. Let's create. Group work: Shapes can create(创造) many beautiful and creative(有创意的) things. Try to create something with these shapes. 3. Let's show Group show:	Watch a video. Draw and create. Talk and show.	通过微课视频展示创意图画，鼓励学生开展小组合作，并大胆介绍自己的图画作品。 鼓励学生制作形状创意图画，发展学生的创新思维。通过希沃白板的投屏功能展示学生合作情景和分享图画作品的情景。

续表

板书设计	Shapes 

【专家评析】

英语教学活动应有利于英语学科与其他学科的相互渗透与联系，以促进学生的认知能力、思维能力、审美情趣、想象力和创造力等素质的综合发展。这是一堂极具创新意识的英语听说课。这节课的教学活动设计体现了一种大学科理念，巧妙地实现了英语学科与数学、美术学科的融合。在 Preparation 环节，通过猜动物的游戏，引出主题，并让学生感知形状的魅力。在 Presentation 环节，通过视频、希沃 PK 游戏、Missing 游戏，让学生在多重语境中学习新单词 shape、circle、square、triangle、rectangle、heart、star 和新句型 What shape is it? —It's a circle。在 Practice 环节，采用希沃互动游戏巩固新知，并通过说形状和涂颜色两个活动，实现英语与数学、美术的跨学科融合。在 Production 环节，教师用自己的视频做示范，激发学生进行创意，并开展小组合作，展示学生的各种创意图形。如果再加入 Progress 环节，教师引导学生自评或点评图形创意作品，进一步激发学生的创意思维和加深学生将课堂知识在生活中进行应用的意识，就更好了。

在信息技术与学科融合方面，本节课主要有以下亮点。

第一，应用希沃白板 5 的蒙层功能，完成猜动物的游戏，这个导入成功激发了学生的兴趣。

第二，多次应用网络上或自制的短视频资源，完成单词新授和图形创意活动示范，既丰富了课堂内容，又为学习活动腾出了时间。教师通过手机录制学生小组合作学习的视频，并向低年级学生进行展示，起到了很好的示范作用，同时也让学生体验到合作学习的乐趣，培养学生的合作能力。

第三，熟练应用希沃白板 5 的游戏和形状功能，丰富课堂活动，点燃学生的学习热情，增强语言操练的趣味性和学生的参与度。

第四，用希沃白板 5 的投屏功能，共享学习成果。学生在小组合作进行图画创作时，教师利用希沃白板 5 进行实时投屏。小组通过实时投屏展示学生的创作成果，这实现了由组内小交互到全班大交互的成果共享，促进了学生与教师的相互交流和相互学习。

微能力点	解读
技术支持的课堂导入	运用希沃蒙层功能，玩猜动物游戏，进行导入。
技术支持的课堂讲授	开展希沃互动游戏，巩固新知。
技术支持的测验与练习	利用希沃的形状功能，检测词汇掌握情况。
技术支持的展示交流	投屏实时上传学生习作，直播小组合作过程。
微课程设计与制作	利用极简教育技术工具制作微课。

【听说课课例 2】

Module 8 Unit 1　He lives in the east of the US

（案例作者：湖南长沙麓山国际实验小学 游敏 杨莹 袁超智）

<table>
<tr><td>课题</td><td>Module 8 Unit 1 He lives in the east of the US</td><td>课型</td><td>口语课</td></tr>
<tr><td>教学目标</td><td colspan="3">语言能力：
1. 能够理解、听说和认读词汇：capital，country.
2. 能在课文语境下，理解和使用句型：
This country is the US.
Washington DC is in the east of the US. It's the capital of the US.
This is ________. It's in the north/south/east/west of the US.
3. 能够综合运用所学语言说明方位，谈论中国和美国以及它们的城市。
学习能力：
1. 能观察、思考、合作探究，并从视频中获取信息，初步了解美国的城市及其方位。
2. 学会思考和归类，能从首都、语言、城市、方位等几个方面对比描述中国及其城市。
3. 学会两两合作和小组合作学习，培养自主学习和合作学习的能力。
思维品质：
1. 明确地理方位概念，养成方位意识。
2. 能够有条理、有逻辑地谈论中国和美国以及它们的城市。
文化品格：
1. 知道主要英语国家的首都，了解美国城市的方位及文化，培养学生的跨文化意识。
2. 乐于接受外国文化，增强祖国意识。</td></tr>
</table>

续表

教学步骤	教师活动	学生活动	设计意图
Preparation	1. Greetings. Free talk T：（Know something about students） What's your name? Where are you from? What do you like doing? （Know something about teacher）	Greet the teacher. 学生思考问题，并通过教师的引导尝试回答问题。	进行课堂问候和课前交流，激发学生已有的语言知识，缓解学生的紧张情绪。
	2. Look. What information can you get from this picture?	学生观察图片，猜测教师相关信息（随机抽签）	了解教师相关信息，引出 traveling 话题，为后续了解城市方位做铺垫。
	3. Review words of location. （复习方位词：east，west，north，south） Learn sentence：This is ________ . It's in the ________ of China.	复习方位词，学习描述城市及方位。 This is ________ . It's in the ________ of China.	复习方位词，学习新句型。从学生熟悉的中国城市入手描述方位，帮助学生初步理解方位概念，形成方位意识，为描述美国城市方位做铺垫。
Presentation & practice	1. Video1（猜 Bobbi 想去的地方） Which country does she want to go? What cites does she want to go? What else can you get from this video?	学习句型： This country is the US. People speak English. 巩固单词： New York、Los Angeles、 Washington DC.	通过观看视频，引出美国及美国三个重要的城市，让学生在强烈的视觉冲击中学习。
	2. Watch a video. （通过微课了解美国城市方位，学习句型“It's in the ________（east，west，north，south）of the US.”）	让学生观看微课，自学美国城市方位，并完成学习单词的任务。	利用微课视频学习课文重点句型，补充学习美国三个重要城市的方位信息和其他信息。培养学生从视频中获取关键信息的能力以及自主学习能力，并巩固地理方位概念。

续表

	3. Pair work. Task 1 （两人一组练习对话，学会用新学句型：“Where's ________? It's in the ________ of the US.”描述美国城市）	小组合作描述句型，并展示讨论结果。 （计时器计时）	使用计时器功能，并通过对话训练，检测学生合作学习的成果。
	4. Task 2. Watch a video （帮助 Bobbi 找出想去地点的正确位置，了解更多关于美国的内容） T：Which city is the capital of the US? Where is it? T：When we talk about a country，we can talk it from these aspects “Name，Language，Capital，Cities，Location，Others”. So can you introduce the US from these aspects?	1. 让学生欣赏关于美国，特别是华盛顿的拓展内容，并回答问题。 2. 学习从 6 个方面谈论美国。	整合课内和课外资源，整合语言结构，利用视频从 6 个方面展示关于美国的介绍，拓宽学生的视野和知识，培养学生的跨文化意识。
Production and progress	1. Watch a video about China. T：How do you think about China? Do you know any cities of China?	让学生观看中国视频，并谈论自己的感受及了解的城市。	通过对美国主要城市的学习和了解，让学生思考自己了解的城市，为之后描述中国及中国的城市做铺垫。
	2. Look at the map. T：We can talk about China from these aspects. “Name，Language，Capital，Cities，Location，Others”	Answer the questions.	通过提问，引导学生学会从 6 个方面谈论中国及中国的城市，为后面学生的自主表达和逻辑表达做铺垫。

续表

<table>
<tr><td rowspan="3">Production and progress</td><td>What language do people speak, English or Chinese?
The capital of China is ________.
How do you think about the city?
Is it beautiful/big?
Where is it?</td><td></td><td></td></tr>
<tr><td>3. Group work.
Task 3</td><td rowspan="2">四个学生为一组，每人一张学习单，先根据目标语言各自写一个介绍中国的小短文，最后小组一起交流。
1～2 组展示（2 分钟，计时，拍照展示）</td><td rowspan="2">通过小组合作让学生用目标语从 6 个方面有条理、有逻辑地谈论中国及中国的城市，增强祖国意识和民族自豪感。

希沃白板 5 实时投屏学生习作，共享学习成果。</td></tr>
<tr><td>4. Conclusion: China is our motherland. You can travel around China and know more about it. I hope one day you can show our beautiful country to the whole world.</td></tr>
<tr><td>Homework</td><td colspan="3">1. Share something about the US, then upload to.
2. Write a passage about China or other countries.(生成评分统计)</td></tr>
<tr><td>板书设计</td><td colspan="3">M8U1 He lives in the east of the US

name — This county is the US.
Language — People speak English.
Capital — The capital of the US is Washington DC.
City — This is ____.
Location — It's in the east of the US.
Others — big, beautiful...
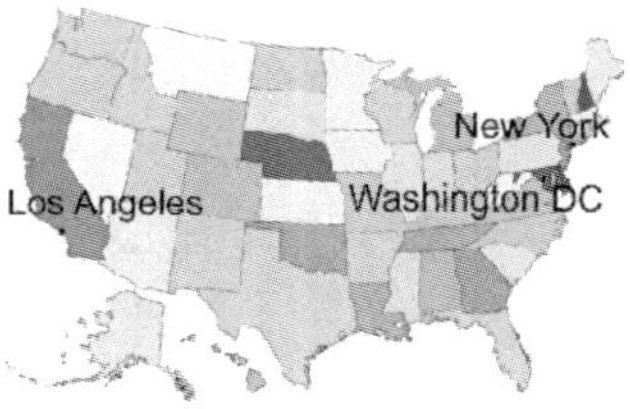
</td></tr>
</table>

【专家评析】

丰富多样的课程资源对英语学习尤其重要。英语课程应根据教和学的需求，提供贴近学生、贴近生活、贴近时代的英语学习资源。创造性的开发和利用现实生活中鲜活的英语学习资源，积极利用音像、广播、电视、书报杂志、网络信息等，拓展学生学习和运用英语的渠道。教师通过使用信息技术，整合教材内容和语言结构及课外资源，拓展了学生学习英语的渠道，丰富了学生的语言输入，拓宽了学生的人文视野。同时教师还通过大量的语言输入引导学生从语言、方位、首都、城市等方面有条理、有逻辑地进行谈论，并且迁移运用到谈论中国及中国的城市，培养学生的跨文化意识。

在 Preparation 环节，教师通过自己的故事引出主题，并让学生感知中国的方位。在 Presentation 环节，教师多次使用视频帮助学生了解中国和美国的城市方位，并且教师录制了微课，以 Bobbi 这个角色进行串联，增强教学的连贯性。

在 Production 环节，教师在小组合作中使用了希沃计时器，且用了同屏技术展示学生作品。

教师将 Progress 环节设计到了课后，建议对学生的作品进行打分和点评。整堂课从祖国导入，引出美国方位，学习完美国之后，又回到了中国这个原点，让学生运用新知识来描绘中国的方位等信息，引导学生不仅要睁开眼睛看世界，也要深爱我们的祖国，这样的人文教育自然而又贴切！

在信息技术与学科融合方面，本节课主要有以下亮点。

第一，资源整合，丰富语言输入。教师将整合的教材内容和课外资源，以视频的形式展示给学生，这丰富了学生的语言输入量。新知识和旧知识的交替出现，使学习语言成螺旋形式，不断上升，为最后谈论美国和中国的语言输出奠定基础。

第二，微课视频，拓宽人文视野。这节课中教师制作了三个微课视频。第一个视频通过介绍美国，让学生猜测 Bobbi 想去的国家，引出要学习的课文内容。这个视频不但把课文中的重点城市进行了前置感知学习，同时让学生初步感知了美国的情况，看到了美国三个城市不同的风景，为进一步学习奠定了基础。第二个视频重在通过学习课文重点句型 It's in the east / west / south / north of the US. 来了解美国三个重要城市的地理位置和相关信息，让学生对这三个重要城市有更进一步的了解。第三个视频在学完课文的基础上，整合了课内和课外信息，整合了学生所学的语言结构，有条不紊地从语言、方位、首都、城市等方面全面介绍了美国，不但让学生对美国有了更深的认识，拓宽了学生的人文视野，同时也为引导学生有条理、有逻辑地进行语言输出进行了铺垫。

第三，应用希沃白板 5 的计时功能，提高小组合作效率。

第四，应用希沃白板 5 的同屏功能，展示和点评学生作品。

微能力点	解读
技术支持的课堂讲授	利用视频资源进行新知呈现。
技术支持的测验与练习	利用希沃白板 5 的计时功能，提高小组合作效率，及时完成学习单。
微课程设计与制作	利用极简教育技术工具制作微课。
技术支持的展示交流	投屏实时上传学生习作，直播小组合作过程。

【听说课课例3】

Module 8 Unit 1 Will you help me?

（案例作者：湖南长沙麓山国际实验小学 廖慧芳 杨莹）

<table>
<tr><td>课题</td><td colspan="2">Module 8 Unit 1 Will you help me?</td><td>课型</td><td>课文新授</td></tr>
<tr><td>教学目标</td><td colspan="4">语言能力：
1. 能够理解、听说和认读词汇：Chinese。
2. 能在课文语境下，理解和使用句型：
What about…？ Will you…？ I'll make a kite.
3. 能综合运用重点句型向他人提建议并谈论将来的计划。
学习能力：
1. 初步学习使用工具书，培养自主学习的能力。
2. 根据课文，大胆改编和表演对话，提高综合运用语言的能力。
3. 培养合作学习的能力。
思维品质：
1. 通过师生互动、生生互动，发散学生思维。
2. 根据已有生活经验向他人提出合理建议。
文化品格：
1. 了解中国传统文化，初步感知中外文化差异。
2. 热爱中国文化，增强爱国意识。</td></tr>
<tr><td>教学步骤</td><td>教师活动</td><td colspan="2">学生活动</td><td>设计意图与极简技术融合点</td></tr>
<tr><td>Step1
Preparation</td><td>1. Greetings.

2. Show a video of America.
T：I'm going to America this summer holiday. What will I do? Please guess.
（设置情境，并复习will句型和动词词组）

3. T：What present can I take?
（引出本课重点句型，进行听和说的导入）</td><td colspan="2">Greet the teacher.

Watch the video and guess.
Will you…？
（运用句型进行猜测交流）

What about…？
（运用句型向教师提建议）</td><td>整合美国城市及景点的视频图片资源制作美国旅游视频，创设情境。课堂的问候和课前预热的交流，不但可以激发学生已有的语言知识，使学生在创设的情境里使用本课重点句型，同时为后面话题的开展做好铺垫。

学生根据生活实际向教师提出建议，在真实语用中训练英语。</td></tr>
</table>

续表

Step 2 Presentation & Text learning	1. T：Daming is going to America this summer, too. What present will Daming take? Fangfang gives him some advice. Listen, watch and ask：What are Fangfang's ideas? （初步感知课文，重点感受 Fangfang 用 What about ... 句型向 Daming 提建议）	Listen, watch and find Fangfang's ideas. （初步感知课文，重点找到 Fangfang 给 Daming 的建议）	通过热身环节的铺垫，帮助学生迅速抓住关键信息，再次强化重点句型的学习。
	2. Introduce Fangfang's ideas：chopsticks and a kite.	Know some more about chopsticks and kites.	通过简单介绍中国的特色礼物筷子和风筝，让学生了解中国的传统文化，感受中国特色礼物的魅力。
	3. T：What present will Daming choose? Why?	Read silently and find the answer. （默读课文，找到答案）	自主泛读课文，加深学生对课文的理解。
	4. Show the new word：Chinese. （利月希沃白板的英汉字典功能学单词） Read and choose. （完成练习，检测学习效果）	Use the dictionary to learn the word：Chinese. Then read and choose.	借助希沃白板英汉词典工具来进行语音教学，培养学生准确发音的能力。
	5. What kind of kite will they make? Show some culture about the Chinese dragon and western dragon. （简单介绍中国龙文化，并对比中西方的龙文化）	Ask and answer. Know some culture about the Chinese dragon and western dragon. （初步了解中国龙文化，感受中西方文化差异）	了解中国传统文化，并通过中西方文化的对比，感受文化差异。

续表

	6. How is this Chinese dragon kite? It will be a great present.	Listen and repeat the sentence. (模仿跟读句型)	感受准备赠送中国特色礼物的愉快心情，培养学生对中国传统文化的热爱。
Step 3 Practice	1. Listen and repeat. (自主朗读课文)	Listen and repeat with the reading pen. (使用点读笔自主跟读课文)	培养正确的语音语调，能听懂并朗读课文。 通过点读笔自主学习课文，培养学生自主学习的能力。
	2. Ask and answer. (回答课文问题)	Quick response to answer the questions. (快速抢答课文提问)	通过希沃白板的放大镜功能和动画快闪效果巩固所学课文知识，重点复习 will 句型的用法。
Step 4 Production	1. If you are going to America, what present will you take? (创设情境谈论将来的决定)	Think and answer. I'll take… (发散思维，谈论将来的决定)	通过创设情境，引导学生发散思维，谈论将来的计划，为小组活动做好铺垫。
	2. Show the video and show teacher's advice. (观看微视频，介绍更多中国特色礼物)	Watch the video. (观看微视频，了解更多中国特色礼物)	通过微视频的学习，让学生了解更多中国特色礼物，培养学生热爱中国文化，增强爱国意识。
	3. Group work: Make a new dialogue. (小组合作改编和表演对话)	Discuss in groups and make a new dialogue. 小组讨论，围绕 What present will you take? What will you do? 改编表演对话	开展小组合作，鼓励学生使用重点句型，改编表演对话，向他人提出合理建议并谈论将来的计划，从而培养学生合作学习和综合运用语言的能力。
Step 5 Homework	Make a plan and give some advice to your friends.(帮助将要去研学旅行的同学做计划，并提出自己的建议)		

续表

板书设计	Module 8 Unit 1 Will you help me? I'm going to visit… Will you… What present can I take? What about… Good idea. I'll make a kite. It will be a great present.

【专家评析】

《中国学生发展核心素养》总体框架强调以培养"全面发展的人"为核心，使学生具备能够适应终身发展和社会发展需要的必备品格和关键能力。本课是以学生发展核心素养的四项基本结构为着眼点，设定教学目标；以任务型教学为主要途径，设置语用任务；以立足文本解读为手段，建构学习支架，使学生在语言能力、思维品质、学习能力、文化品格方面获得不同程度的发展。这是一堂文化韵味深厚的英语听说课。在 Preparation 环节，教师通过自己要去美国旅行带什么礼物合适的问题为话题，引导学生进行自由交流，引出主题。在 Presentation 环节，教师将文本和视频相结合，让学生走入 Daming 的故事，并介绍好朋友 Fangfang 的建议。为深度理解文本，教师补充了有关中西方龙文化的相关知识，并提供了另一个微视频为学生讲解更多中国特色礼物。在 Production 环节，学生可以围绕去美国旅行可以带什么礼物展开讨论和交流，并尝试对课文文本进行改编和表演。考虑到时间关系，教师将 Frogress 环节设计到了课后，帮助将要研学旅行的同学做计划并提出自己的建议。本节课的输入做得特别到位，最后学生的输出是顺畅的。虽然中西方文化差异巨大，但这位教师成功选择了一个小的切入点，即中国特色礼物的选择。整堂课都围绕这一大的语境展开，学生沉浸其中，这是一堂让人快乐的英语课。

在信息技术与学科融合方面，本节课主要有以下亮点。

第一，整合资源制作微课，了解中国传统文化。文化与语言共生互依，密不可分。在这节课中，文化成为语言教学的主要内容，而文化品格也成为语言教学的重要目标。教师整合了很多有关中国传统文化的知识，以微课视频形式展示给学生。这不但扩大了语言的输入量，同时也让学生对中国的传统文化有了更多的了解和认识，既丰富了学生的认知，拓宽了人文视野，也增强了学生的文化自信。

第二，本节课使用现代信息技术工具点读笔，让学生自由朗读课文，培养学生自主学习的能力。

第三，在学习课文环节，教师用到了希沃白板的英汉字典点读功能。在学习Chinese这个新单词的时候，教师使用了英汉字典的点读功能。

第四，应用了希沃白板的放大镜功能和动画快闪功能，进行Quick response活动，加深学生对文本的理解。

微能力点	解读
技术支持的课堂讲授	1. 利用视频资源进行情境创设和新知呈现。 2. 利用希沃白板的英汉字典功能学单词。 3. 利用点读笔，进行课文点读。
技术支持的测验与练习	利用希沃白板的放大镜功能和动画快闪功能，进行Quick response活动以检测学生对课文的掌握情况。
微课程设计与制作	利用极简教育技术工具制作微课。

【听说课课例4】

Peter is writing Period 2

（案例作者：湖南长沙国防科大附小 李 洁）

课 题	Peter is writing	课型	听说课
		课时	1
教学目标	1. 复习并能反复运用新单词：watering the plants、listening to music、walking the dog、cleaning the room，watching TV。 2. 能够听懂并会使用功能句型询问他人正在干什么：What are you doing? What is he /she doing? What are they doing? 并做出正确的应答：I am… He/ She is…，初步学会在恰当的情境中运用以上句型。 3. 在听、说、读、写中，复习以前所学话题的重点词汇和功能句，综合运用所学语言知识和技能进行交流。 4. 在找匹配、魔力擦、猜一猜等课堂趣味活动中，引导学生用功能句型提问。 5. 乐于开口，积极参与交流。在学习的过程中，培养学生的语感，使学生正确使用情境交际用语。		
教学重点	掌握句型 What are you doing? What is he /she doing? What are they doing? 并做出正确的应答：I am… He/ She is…		
教学难点	在听、说、读、写中，复习以前所学话题的重点词汇和功能句，综合运用所学语言知识和技能进行交流。		
教学准备	希沃白板课件、道具(太阳、月亮图片)。		

续表

教学过程	教师活动	学生活动	设计意图及极简技术融合点
Step 1 Preparation	1. Greetings. 2. "Magic Eyes", show the new words and phrases.	Look at the TV and speak out the words or phrases.	用 Tab App 制作单词快闪，让学生复习，并大声读出已学单词。
	3. Let's watch a video first and review.	Chant the songs and clap the hands.	通过视频复习，巩固强化新单词和短语。
Step 2 Presentation	1. Let's look, guess and say.	Look and say the phrases, the questions:	鼓励学生借助阴影轮廓的图片，采用正确的短语进行一问一答的操练。
	Show the shadow pictures and ask: What is he/she doing? 	He/ She is…	运用希沃白板的蒙层功能增加该活动的趣味性。
	2. Let's listen and say. Share a video for students.  After watching, show some pictures and ask questions like this: What are you doing? What is he/she doing?	Look, listen and say: I am… He/ She is…	用来画 App 制作本单元的重点句型，教师进行讲解。

续表

	3. look and learn. New sentences: What are they doing? They are… 4. Guess and say. 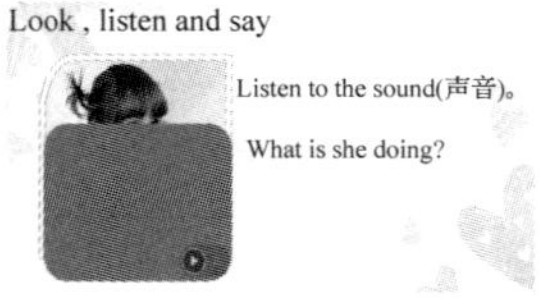 5. Let's play. What's he/she doing?	Learn the new sentences and read. Guess and say the sentences. Act and say. Play a game.	教师借助希沃白板的蒙层、形状等功能呈现一些学过的短语图片，并通过听、看、猜等游戏巩固、强化本单元重点句型。
Step 3 Practice	6. Let's learn. Look, listen and try to understand. Listen again and learn the key sentences: What are you doing? I am… What is your…doing? He/ She is… 7. Let's look and say. Show a map, point out Changsha and New York. In the morning: Show two children are talking on the phone. Then show some other pictures and ask: What is he/ she doing? What are they doing?	Read and repeat the dialogue. Do the role play. Think and say. He/ She is… They are…	在学习文本的时候引导学生关注电话用语，并展示基本的电话用语。 通过让学生发现同一时间中美生活场景的差异，培养学生的观察能力，让学生感受中美的时区差异以及文化差异。通过听音、猜图、思考的方式实现英语和地理学科的融合，并初步培养学生观察、对比、分析、推理的思维品质和综合运用语言的能力。运用希沃白板的蒙层、形状功能对此处进行呈现。

续表

	In the afternoon: Show the pictures and ask students say. In the evening: Show the pictures and ask students think and say. 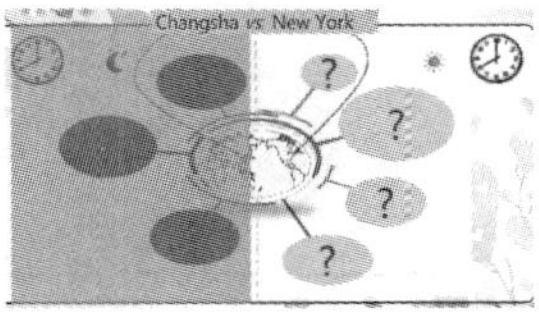		
	8. Let's play a game. Look and match. cook　reading read　watching sleep　cooking watch　playing play　sleeping dance　writing run　dancing write　riding ride　runing swim　swiming	Match the correct words.	学生通过配对游戏，对重点单词现在分词的变形进行总结。运用希沃白板课堂活动功能对此处进行呈现。
Step 4 Production	1. Let's enjoy. Our happiness life in different countries.	Watch a video.	通过视频展示在同一时间段中美两国人民正在做的一些事情，让学生对时区差异以及中美文化差异有所了解。
	2. Let's write and act. Group work. Try to do role-play in different countries. Know more culture in different countries.	Two students are talking on the phone. Find a partner write and act.	学生使用道具太阳和月亮(表示时区差异)进行表演。 希沃白板5投屏学生的合作学习情况。

续表

板书设计	Family Activities What are you doing? I'm listening to music. What is he doing? He is running. What is she doing? She is cooking dinner. What are they doing? They are watching TV. 

【专家评析】

在 Preparation 环节，通过 Magic eyes 的游戏使学生对单词和短语进行复习。通过网络视频对课本进行复习，让学生初步感知现在进行时的基本结构。在 Presentation 环节，用了抠图游戏、视频、听和猜的游戏，让学生在多重语境中反复练习重点句型：What are you doing? I am…/What is he/she doing? He/She is…/What are they doing? They are…在 Practice 环节，采用听说、听猜等方式巩固新知，并通过大量的语境输入让学生操练句型和感知现在进行时以及动词的变化，让学生的知识得到积累。在 Production 环节，教师通过分享中美文化视频做示范，让学生了解文化差异，激发学生的观察力和想象力，然后开展小组合作，并让学生展示。该设计非常好，既符合本节课的主题，又让学生了解了中西方的文化差异，对学生的知识面进行了拓展。如果再加入 Progress 环节，让学生自创生活情境进行表演，那本节课的输出就更完美了。

在信息技术与学科融合方面，本节课主要有以下亮点。

第一，应用极简教育技术工具 Tab 制作单词闪卡进行复习，并利用希沃白板的蒙层功能进行导入，激发学生兴趣。

第二，多次应用网络和来画 App 制作短视频，完成句型的新授和图形创意活动示范等，既丰富了课堂内容，又为学生活动腾出了时间。

第三，熟练应用希沃白板 5 的课堂活动和形状功能，点燃学生的学习热情，增强课堂的趣味性。

第四，通过希沃白板 5 的投屏功能，共享学习成果。学生在小组合作表演时，教师利用希沃白板 5 进行实时投屏，直播学生的合作学习情况。

微能力点	解读
技术支持的课堂导入	运用极简教育技术工具 Tab 进行复习，通过希沃的蒙层功能进行课堂导入。
技术支持的课堂讲授	开展希沃互动游戏，巩固新知。
技术支持的测验与练习	利用希沃白板 5 的形状、课堂活动功能，检测学生在词汇、句型方面的掌握情况。
技术支持的展示交流	投屏实时直播学生展示以及小组合作过程。
微课程设计与制作	利用极简教育技术工具来画 App 制作微课。

第三节

极简技术优化小学英语阅读课教学

根据英语新课程标准，小学阶段开设英语课程的目的是培养学生学习英语的积极情感，形成初步的英语语感，为其打好语音、语调基础，最终使学生具备用所学英语进行交流的能力。想要形成这种能力，阅读是必不可少的环节。坚持英语阅读可以巩固和扩大学生的词汇量，培养学生的语感。

一、小学英语阅读课面临的主要问题

英语阅读教学要求教师应注重培养和提高学生的阅读能力，让学生进行有目的的阅读实践。教师应教会学生阅读的方法，训练其阅读技巧，培养和提高学生的阅读理解能力。

当前学生的逻辑思维能力、理解力，以及快速、准确、有效获取信息的能力相对较低，究其原因可能在于两点。

一是小学生在有限的时间内无法理解阅读文本，阅读输出对其英语综合能力的要求较高。

二是由于小学生词汇量小，且缺乏阅读兴趣，课内外的阅读量往往达不到课标要求，更达不到语言能力发展的要求。

二、小学英语阅读课所需极简教育技术工具及资源

小学英语阅读教学主题广泛，涵盖生活和文化的方方面面。为达成在英语阅读教学中对学生语言能力的发展目标，在阅读教学中，教师应重在创设真实情境，激发学生的阅读兴趣，拓宽学生的知识视野。作为教师应该善于寻找、学习和思考，从海量的教学资源中寻找恰当的资源，丰富阅读教学内容和阅读教学手段，助力学生的英语阅读。表 4-3-1、表 4-3-2、表 4-3-3 为大家提供了一些资源助力极简教育。

(一)助力阅读练习的极简教学工具

表 4-3-1 助力阅读练习的极简教学工具

序号	极简教学工具	使用建议及说明
1	向日葵阅读	在内容上，与当前主流小学英语教材完全匹配，通过课文点读和课文动画等让学生消化课本的文本阅读。
2	E 英语宝	
3	扇贝听力	扇贝阅读让学生在手机上就可以完成阅读的学习过程，拓展阅读量。
4	可可宝贝	
5	可可老师	

(二)助力阅读课堂互动的极简教学工具

表 4-3-2 助力阅读课堂互动的极简教学工具

序号	极简教学工具	使用建议及说明
1	平板授课	学生自主阅读、教师推送数字资源。
2	101 教育 PPT	可设置标签题、分类题、连连看、猜词游戏等。
3	希沃白板 5	可设置趣味分类、好题分类、选词填空、知识配对、分组竞争、判断对错。
4	手机投屏	将手机 App、小程序直接投屏，演示多种场景。
5	希沃授课助手	拍照上传阅读资料，进行课件展示，实现手机控制大屏。

(三)阅读教学资源的获取途径

表 4-3-3 阅读教学资源的获取途径

教学资源	使用建议及说明
AR	选择多种情境，手动操作虚拟物体，获取空间感和立体感。
E 英语宝	同步教材配套影音、趣味配音和大量课外拓展学习资源等。
人教数字教材	配套教材动画、教学辅助工具等。
贝壳网	一课一网资源，包含动画微课、课程。
伴鱼绘本	大量有声绘本资源，支持 AI 智能打分。
扇贝阅读	根据难度选择阅读，适合课后拓展阅读。

三、极简教育技术支持下的阅读课教学模式

(一)当下流行的英语阅读教学模式解析

英语阅读教学模式有三种：第一种是自下而上模式(Bottom-up Approach)，

即生词短语→单句理解→段落理解→全文理解，强调阅读中的语言形式。第二种是自上而下模式(Top-down Approach)，即全文理解→段落理解→单句理解→生词短语，强调语篇和语义的理解。

结合第一种和第二种的优点后，有了第三种互动式模式(Interactive Approach)，即首先运用"自上而下模式"让学生带着生词阅读短文，获取信息；然后再用"自下而上模式"让学生关注语言形式，学习语言知识。基于这种阅读教学理论，教师一般采取"三段式"阅读教学，即 pre-reading，while-reading，post-reading。Pre-reading 环节不仅包括课前 Warm-up & Lead in，也包括学生根据教师要求在课前做的相关阅读活动。While-reading 环节包括 first-reading(略读 Skimming)，second-reading(检索 Scanning)，third-reading(细读 Close reading)，fourth-reading(朗读 Declaiming)等。Post-reading 环节包括 comprehensive activities/tasks(阅读理解活动或任务)。

(二)融合极简教育技术的"5P"阅读教学模式

在"三段式"阅读教学基础上，结合阅读教学的特点，教师可使用以上推荐的工具及资源，实现英语阅读课和极简教育信息技术的深度融合和常态化应用，开启融合极简教育技术的"5P"教学模式，扩大学生的词汇量，并引导学生掌握一定的阅读策略和技巧，达到培养学生逻辑思维能力，提升阅读能力的目标。

表 4-3-4　融合极简教育技术的"5P"教学模式(阅读课型)

教学流程	教学环节	教学活动	极简技术的运用
Preparation	Warm-up & Lead in	指导学生根据教师要求搜集资料，激活旧知，为课堂阅读做准备。	1. 通过互联网等方式搜集资料，了解相关知识。 2. 绘制与课堂相关的学习卡或思维导图，为课堂阅读提供学习服务。
Presentation	Pre-reading	创设主题情境，以提问方式激发阅读欲望。	1. 围绕主题筛选资源，创设主题语境或问题，借助微信、QQ 等手段提出问题，创设真实情境，激发学生阅读兴趣。 2. 利用希沃白板互动游戏复习旧知识，利用希沃白板 5 的蒙层、放大镜等功能设置问题。 3. 借助文本、图片、音频、视频、微课、AR 等各种资源，关联生活，巧设问题、任务，激发学生的阅读欲望。

续表

教学流程	教学环节	教学活动	极简技术的运用
Practice	While-reading	问题驱动，呈现文本。运用阅读策略，获得信息，完成阅读。	1. 利用静态的文字、图片、音频呈现文本；或利用动态的动画、视频、E英语宝等在线教学资源呈现文本和设置问题。 2. 紧紧围绕主题和教学目标，筛选整合资源，利用图片、文字、音频、视频、微课帮助学生获得信息，丰富阅读输入量。 3. 利用希沃白板5的随机圈划标记功能，让学生的课堂生成回答部分更具有真实性和随机性。利用希沃白板计时功能，完成限时阅读训练，培养略读、跳读、寻读等阅读技巧。
Production	Post-reading	任务驱动，梳理文本结构特点和赏析语言魅力。设置阅读任务，分层输出。	1. 课内阅读延伸到课外，利用图片、视频、微课等提供更多与本课相关的阅读材料，进行拓展阅读。 2. 根据课堂所学阅读策略和技巧，指导学生完成课外阅读。 3. 利用希沃授课助手或班级优化大师，在课上对学生的阅读作业进行展示交流和订正。
Progress	Self-check	教师搜集与课堂主题相关的拓展阅读资料，指导学生运用所学的阅读策略和技巧进行课外阅读，培养学生的英语阅读习惯，并指导学生学会评估阅读效果。	1. 通过二维码、人人通空间、班级钉钉群，分享与课堂内容相关的课文阅读文本或音频、视频资料。将课内阅读延伸到课堂之外，培养学生的阅读习惯。 2. 通过班级空间和专业的学习平台，进行学习成果的展示，让交流和学习突破时空限制。 3. 设计跨学科的任务活动，如绘画、科技、音乐等，发展学生多元智能，提升其综合能力。 4. 将读写结合，指导课后相关主题的英语写作训练。

四、小学英语听说课与极简教育技术融合案例

【阅读课课例 1】

《大猫》英语分级阅读三级 1

（湖南长沙麓山国际实验小学 杨莹 唐娜 廖米佳）

<table>
<tr><td rowspan="2">课题</td><td rowspan="2" colspan="2">Sam the Big, Bad Cat</td><td>课型</td><td>阅读课</td></tr>
<tr><td>课时</td><td>1</td></tr>
<tr><td>教材分析</td><td colspan="4">本教材是大猫英语分级阅读三级读物，故事讲述了 Tom 的宠物狗 Sam 感觉不舒服，没有胃口，它不想吃东西。Tom 打算带它去看兽医，但是 Sam 不想去，于是它四处躲藏，但都被 Tom 找到了。故事插图色彩鲜艳，人物神态生动逼真。故事文本语言凝练，言简意赅，复现率高。文中的词汇主要涉及家具、介词和动词过去式，主要语言结构包括：Sam hid…，Tom found him.等</td></tr>
<tr><td>教学目标</td><td colspan="4">1. 在图片和思维导图的帮助下，提取故事主要信息，理解故事大意。
2. 根据图片和已有生活经验，预测故事情节，并对故事人物提出自己的评价和看法。
3. 在思维导图的帮助下，复述或改编故事，感受学习故事的乐趣。</td></tr>
<tr><td>教学内容</td><td colspan="4">主要词汇：well、vet、hid、found、cupboard、shower、better。
主要句型：Sam hid…/ Tom found him.</td></tr>
<tr><td>教学策略</td><td colspan="4">1. 能利用上下文、插图及生活经验猜测单词或话语意义。
2. 能借助阅读材料中的关键词对故事的发展做出预测。
3. 借助图文结合的阅读形式，培养学生的观察力和想象力。</td></tr>
<tr><td>教学准备</td><td colspan="4">PPT</td></tr>
<tr><td colspan="2">教学过程</td><td>教学活动</td><td colspan="2">设计意图与极简技术融合点</td></tr>
<tr><td rowspan="3">Preparation</td><td rowspan="3">Pre-reading</td><td>Greetings</td><td colspan="2"></td></tr>
<tr><td>Show Tom's house and review some furniture in the house.
直接复习家具单词，并教授新词 cupboard 和 shower。</td><td colspan="2">复习导入，通过希沃白板的蒙层和橡皮擦功能，猜测 Sam 的小床，引出 Sam。</td></tr>
<tr><td>Talk about the front cover of the book.
观察封面，认识人物，营造故事背景。</td><td colspan="2">引导学生观察、谈论封面信息，培养学生阅读故事的简单技巧和读故事的习惯。激发学生的阅读兴趣，营造故事氛围，并提出质疑：Was Sam really a bad cat?</td></tr>
</table>

续表

Presentation	While-reading	读图理解：Where was Sam? 说出 Sam 躲藏在哪？ 围绕文眼“BAD”，引导学生读图。	采取倒叙方式进行故事阅读，师生追随一条主线——调皮捣蛋的 Sam 四处躲藏，从而激发学生的阅读兴趣。 教师出示图片引导学生读图，引出重点句型。
		看图猜测：Where was Sam? 围绕文眼“BAD”，尝试猜测。	通过希沃白板的蒙层功能遮住部分图片，并通过声音辅助，引导学生运用重点句型猜测 Sam 藏在哪里。
		根据生活经验猜测：Where was Sam? 围绕文眼“BAD”，大胆猜测。	通过希沃白板的蒙层和橡皮擦功能展示房间和家具，带领学生根据生活经验大胆猜测 Sam 可能会藏在哪里。
		独立阅读 Picture 1-Picture 4. Read and answer：Why did Sam run away and hide? 找到 Sam 要跑要躲的真正原因。	通过教师抛出问题：Why did Sam run away and hide？激发学生的阅读兴趣和欲望，并让学生独立阅读绘本，找到 Sam 要跑要躲的原因。
		Guess：What happened in the end of the story? 猜测故事结局。	找到 Sam 要跑要躲的原因后，激发学生大胆猜测故事结局，培养学生的思维能力。
		Listen and repeat the story. 跟读故事。	教师设下悬念，学生大胆猜测，勾起学生的阅读欲望，激发学生阅读整个故事。
		Read the story and finish the exercises. 利用点读笔自主跟读故事。	学生利用点读笔，自主学习故事，阅读绘本，并利用希沃白板的游戏功能完成练习，加深对故事的理解。

续表

Practice	Post-reading	Retell the story with the mind map. 根据教师板书的思维导图复述故事。	教师引领学生，借助思维导图理解故事大意，并尝试复述故事。
Production		Group work: Make the new mind map with groups. Then make a new story. 小组合作制作新的思维导图，然后改编故事。	通过小组合作学习制作思维导图，掌握故事大意，并复述故事，从而培养学生综合运用语言的能力。鼓励学生利用思维导图改编故事，发展学生的思维。并利用投屏功能，直播学生的制作过程。
Progress	Self-check	小结：Was Sam really a bad cat? 学生可用英文或中文大胆发表自己的想法。	引导学生深入思考，并对 Sam 进行评价，表达自己的观点，培养学生爱思考、敢质疑的思维习惯。

【专家评析】

这是一堂深入浅出又灵动有趣的英语阅读课，带有浓厚的绘本阅读色彩，利于学生吸收和掌握知识。在 Preparation 环节，即 Pre-reading 部分，教师通过猜测 Sam 的小床，引出 Sam 失踪的事情，激发学生的探究欲。在 Presentation 环节，即 While-reading 部分，通过希沃蒙层、希沃橡皮擦、希沃游戏等功能和点读笔来完成新词、句型和文本的呈现、讲解和操练。在 Practice 和 Production 环节，即 Post-reading 部分，利用思维导图，引导学生复述故事，并要求学生制作思维导图，然后发挥想象改编故事。在 Progress 环节，即 Self-check 部分，教师引导学生对 Sam 进行评价，并表达自己的观点。这是一个反思的环节，非常好。整个故事的学习，教师积极利用各种信息技术手段，充分调动学生进行观察、分析、猜测、预测和想象，培养学生的思维品质。

在信息技术与学科融合方面，本节课主要有以下亮点。

第一，应用希沃蒙层功能、希沃游戏完成阅读文本的练习题。

第二，应用点读笔引导学生进行阅读文本的点读。

第三，应用思维导图，引导学生复述故事，并要求学生制作思维导图，发挥想象，改编文本故事。

第四，应用希沃白板的投屏功能，实时上传学生制作的思维导图，直播小组合作过程。

微能力点	解读
技术支持的学情分析	课前采用问卷星，收集学生最为感兴趣的词汇学习方式。
技术支持的课堂导入	运用剪映制作快闪视频，复习导入。
技术支持的课堂讲授	采用希沃白板的聚光灯、蒙层、超链接功能进行授课。
技术支持的测验与练习	利用 E 英语宝，进行语音测评及课文配音。
微课程设计与制作	使用希沃白板的时间胶囊功能制作微课。
技术支持的展示交流	投屏实时上传学生作品，直播小组合作过程。

【阅读课课例 2】

Module 4 Unit 1 Thanksgiving is very important in the US

(作者：湖南长沙麓山国际实验小学 廖慧芳 杨莹 廖米佳)

课题	《新标准英语》第 11 册 Module 4 Unit 1 Thanksgiving is very important in the US.	课型	阅读课 （听说为主）
教学目标	语言能力： 1. 能够理解、听说和认读 Thanksgiving。 2. 能理解和使用句型： People have a big, special dinner. People say “Thank you”. People have a lot of fun. 3. 能简单谈论节日时间、食物、节日语言和特色活动等。 学习能力： 1. 能够简单谈论节日，提高综合运用语言的能力。 2. 培养合作学习的能力。 3. 能初步感知中西方节日的文化差异，并能从四个方面尝试表达和对比其他节日。 思维品质： 1. 初步培养学生归类、比较的思维品质。 2. 注意英语语言表达的逻辑性和系统化。 文化品格： 1. 了解感恩节，感受西方节日文化。 2. 感受不同文化、不同节日带来的愉快体验，初步体会跨文化交际的美好。		

续表

教学步骤	教师活动	学生活动	设计意图与极简技术融合点
Step 1 Preparation	1. Greetings. 2. Play the crossword game.（复习已知的节日类单词）	Greet the teacher. Play the game . （学生齐答或举手答）	通过课堂问候和课前预热交流，充分激发学生已有的语言知识，通过字谜游戏让学生快速回忆节日类单词，从而引出本课主题词"Thanksgiving"。同时在师生交流中引出本节课主线"四个关于谈论节日的问题"。前置部分语言难点，为后面的语言输出进行铺垫。
Step 2 Presentation & Text learning	1. T：Do you know something about Thanksgiving? When is it? What do people eat? What do people say? What do people do? 2. T：Simon's favourite festival is Thanksgiving. So maybe he can tell us about thanksgiving. 3. Answer the questions： What do people eat? What do people say? What do people do? （教师引导学生回答问题并对感恩节食物、节日语言、特色活动进行知识拓展）	学生思考教师问题，通过教师引导尝试回答问题。 学生根据教师布置的任务，快速阅读、寻找和分享答案。 学生欣赏关于感恩节文化的拓展内容。	从之前热身环节引出的四个问题入手，让学生谈谈对感恩节的理解。 使用希沃白板的计时器进行限时阅读，培养学生快速阅读、查找问题答案的能力。 提出问题并解决问题。通过感恩节图片、视频等资源让学生了解感恩节丰富的文化内涵。 从四个方面总结关于感恩节的介绍，检测学生对该内容的掌握程度，为之后开展与春节有关的活动做铺垫。初步培养学生语言表达的逻辑性和系统化。

续表

Step 3 Practice	1. Thanksgiving is very important in the US. Let Ss retell the main points according to the blackboard design.	学生复述课文重点内容，先展开小组练习，然后从时间、语言、食物、活动四个方面向全班同学介绍感恩节。	复述课文，谈论感恩节，巩固课文重点内容。
Step 4 Production	1. Thanksgiving is very important in the US. There are lots of festivals in China. Which festival is important in China?	学生举手谈论自己的想法：________ is very important in China.	通过对感恩节的学习和了解，让学生思考中国的重要节日，为之后中西方节日的对比做铺垫。
	2. I think Chinese New Year is the most important festival in China. Let's watch the video about Chinese New Year.	Watch the video. (带着四个问题观看微课视频，欣赏中国春节)	通过微课视频的学习，让学生了解中国春节和其他中国传统文化，并了解一些有关春节习俗的英文表达。
	3. Ask the four questions about Chinese New Year.	Answer the four questions about Chinese New Year.	强化语言结构和语言表达的逻辑性、系统化。
	4. Find the same points and different points between Thanksgiving and Chinese New Year.	Discuss in groups and fill in the blanks. (小组合作完成学习单，初步感知中西方节日的异同)	小组合作思考并找出感恩节和春节的异同，让学生在中西方节日对比中感受文化的奇妙。直播小组合作过程，并手机投屏学生的学习单。
	5. Conclusion: Cultures are different, so the festivals are different, but the happy feelings are the same. Boys and girls, let's enjoy all the festivals!		引导学生了解和尊重中西方节日的文化异同，并享受节日的快乐，初步培养文化交际意识。

续表

<table>
<tr><td>Step 5
Homework</td><td>1. Introduce Thanksgiving and Chinese New Year to your friends or family.
2. Try to describe(描述)your favourite festival according to the four questions.（上传至班级钉钉群）</td></tr>
<tr><td>板书设计</td><td>Module 4 Unit 1 Thanksgiving is very important in the US.
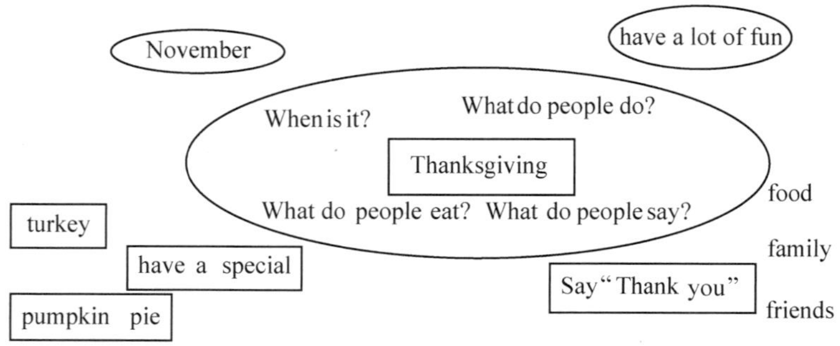
</td></tr>
</table>

【专家评析】

《义务教育英语课程标准(2022 年版)》在提升思维品质的总目标方面强调：能够在语言学习中发展思维，在思维发展中推进语言学习；初步从多角度观察和认识世界、看待事物，有理有据、有条理地表达观点；逐步发展逻辑思维、辩证思维和创新思维，使思维体现一定的敏捷性、灵活性、创造性、批判性和深刻性。在小学英语学习活动中，教师要有意识、有系统地训练学生的思维，这不但能促进学生英语语言能力的提高，也能帮助他们形成优秀的文化品格。这节课是以节日为主题，文化韵味深厚的英语阅读课。本节课从始至终贯穿四个问题：When is it? What do people do? What do people eat? What do people say? 来有意识、有系统地训练学生的思维。在 Preparation 环节，教师通过学生练习册上最喜欢的练习题 crossword 巧妙引出节日主题，不但对部分节日从四个方面进行了有意识地复习，激活语言，而且前置学习了本节课的重点单词 Thanksgiving。这个活动可以说非常有技术含量和思维含量。在 Presentation 环节，教师围绕四个问题有序地学习文本，拓展文本。在 Practice 环节，学生通过四个问题复述文本，谈论感恩节，巩固语言知识。在 Production 环节，学生从四个方面对比分析中国的春节和美国的感恩节，综合运用语言，不但提升了思维的质量和语言表达的质量，也帮助学生形成了跨文化理解能力。整个思维活动可视、有条理、有逻辑。

在信息技术与学科融合方面，本节课主要有以下亮点。

第一，通过资源整合制作视频和微课，有助于学生了解更多的节日文化，不但丰富了语言知识的输入，同时拓宽了学生的人文视野，形成了初步的跨文化理解能力。

第二，希沃的计时器和蒙层功能，让课文的阅读和学习更具趣味性和挑战性。

第三，投屏实时上传小组合作学习单，直播小组合作过程。

第四，通过专业的学习平台如钉钉群，进行学习成果的展示，突破学习和交流的时空限制。

微能力点	解读
技术支持的学情分析	采用问卷星调查学生对感恩节的了解情况。
技术支持的课堂讲授	通过希沃白板蒙层、计时器功能进行授课。
微课程设计与制作	通过希沃白板时间胶囊功能制作微课。
技术支持的展示交流	投屏实时上传学生作品，直播小组合作过程。 班级空间展示学生成果，师生、生生进行互动交流。

【阅读课课例 3】

Unit 2 My favorite season Part B Read and write

（湖南株洲市天元区凿石小学 贺春林）

课题	Unit 2 My favorite season Part B Read and write	课型	阅读课
		课时	1
教材分析	此部分为四篇配图的小短文。在四幅图片的帮助下描述了四个季节的特点，以及机器人 Robin 对四季的喜爱之情。本部分概括了本单元的核心句型：I like... because... 和部分核心词组。 文本粗看上去比较简单，很多教师容易简单就图片进行提问，复习句型一带而过，而没有就文本中的图片和文字的一致性、严谨性，语言的丰富性和语言风格的多样性等角度进行深入分析，以至于将该节课上成一堂炒冷饭的课。所以设计让学生运用相关句型和词汇描述自己喜欢的季节难度不大，但如何让学生在不同文体中感受语言的风格，学会欣赏、对比分析不同的文本，最终进行模仿创作，是本节课的难点。 鉴于本单元词汇和对话文本中不仅有关于季节的人物对话和诗歌，也有对季节的多彩景色和 Robin 在不同季节的活动的客观描述，于是确定本次阅读教学有以下三方面的作用：一是激发学生对英语的阅读兴趣；二是培养学生对本单元句型与词汇的综合运用能力；三是引导学生感受语言的不同风格，培养学生的文体意识，让学生理解不同的人会使用不同的文体风格描绘或者谈论季节。		

学生分析	本次的授课对象是五年级学生，学生学习英语已经有两年半的时间，思维活跃，勇于表达，具有一定的英语综合语言运用能力和小组合作意识，在阅读时能有效使用一些阅读技巧，但也有两极分化现象，教师还需关注分层教学。 本单元的标题是 My favourite season，五年级的学生对 season 这个话题有较大的兴趣。一方面是源于生活经验，学生在日常生活中可以看见四季的自然变化，参与到不同的季节活动，在不同季节可以穿不同的服装，他们有满满的生活素材；另一方面是因为学生有英语表达的基础。前面 5 个学期的英语学习为本节课的输出奠定了坚实的基础，无论是有关食物、服装还是天气、活动的描述，抑或是有关季节的颜色描述，学生都有浓厚的表达欲。 虽然学生对季节的表达有欲望，也积累了一些语言素材，但学生语言表达的方式不够丰富，对于不同的文体学生没有比较意识。基于以上情况，教师可以采用让学生跟读、自由朗读、与同桌对读等多种形式的朗读活动，让学生对教材中诗人、画家、Robin 的三段表达性文字进行对比，从而感受不同文体的特点，进而进行模仿创作，以此来增强语言的丰富度，实现语言和思维的同步生长。
教学目标	1. 能够在图片的帮助下读懂对四季的描述以及机器人对四季的喜爱之情的表达，并完成练习题。 2. 能够在具体语境中正确运用核心句型对喜欢的季节及喜欢的原因进行讨论。 3. 能够按照正确的语音、语调朗读短文。 4. 能通过默读、略读、细读、朗读等方式，圈词画句，养成按意群阅读的习惯，形成初步的阅读策略和技巧。 5. 能够通过对图片和文字的仔细研读，发现图文之间的链接，比较不同文体的差异，培养思维的深刻性。 6. 激发学生热爱四季、享受生活的美好情感；通过不同人物的角色，激发学生对语言的欣赏意识。
教学内容	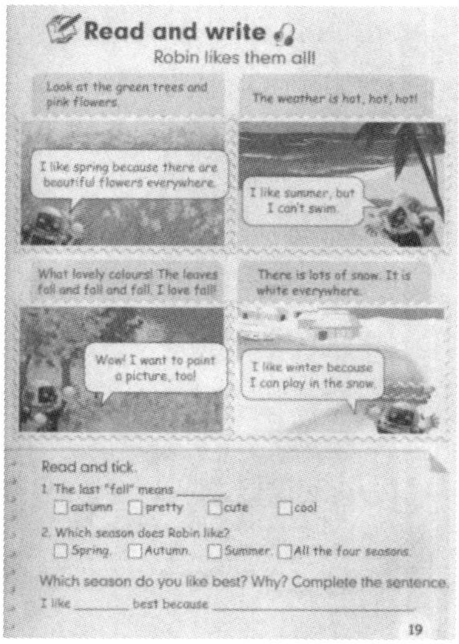

续表

教学重点	学生掌握询问对方喜欢某个季节及其原因的句型：Which season do you like best? Why? 学生能够在具体语境中正确使用单词、词组描述四季及与四季有关的活动。		
教学难点	1. 学生对句型“The leaves fall and fall and fall.”的听说认读。 2. 学生能够感受不同文体的特点，进行模仿创作，增强语言的丰富度。		
教学过程	教学活动		设计意图与极简技术融合点
Preparation	Pre-reading	1. Sing a song. 2. Play a guessing game.	通过与季节相关的图片、音乐、诗歌、GIF 等多模态资源，调动学生的英语学习兴趣。
		3. Read a poem.	一首小诗承前启后，概括前面多模态呈现有关季节的标志性代表物，如诗歌末尾的一句 Seasons are beautiful，like pictures。以画家爱画画作为隐含的逻辑线，从而为 Robin 去看画家的季节画展进行了情节铺垫。
		4. Know the background of the text.	PPT 中插入与季节相关的图片并配上超级玛丽的音乐，让学生在游戏中学习语言。
Presentation	While-reading	Listen to the text and answer the question. What does Robin like?	让学生在听力中感知文章大意和人物特色。PPT 中通过一张图片、一个文本配和一个音频的方式，逐步展示文章。
		Read the passage again and answer the questions. Why does Robin like spring? Why does Robin like winter? The last “fall” means ________. A. autumn B. pretty C. cute	通过细读技巧，圈出关键词让学生找到 Robin 喜欢春天和冬天的原因，突破 fall 的一词多义。这既是阅读理解的策略训练，也为后期的写作训练句型 I like ... because ... autumn/fall 互换奠定了基础。

续表

Presentation	While-reading	Read the picture and think the question: Is Robin happy in the second picture? Why is Robin sad?	设置疑问句引导学生对 Robin 的表情图片进行观察，思考 Robin 不开心的原因。这既锻炼学生的读图能力，也能引起学生对文中描述性文字的再次关注，更是对学生思维能力的锻炼。在该环节，学生充分把握了文章关于主题表达的各个细节，梳理了文章的主题脉络，实现了信息碎片化到信息结构化的过渡，使学生思维由低阶向高阶发展。
		Write some sentences about summer.	学生对夏季的笔头表达锻炼了学生的英语写作能力。
Practice	Post-reading	Read a text emotionally with your partner and share some sentences that they like.	学生阅读后再次与同桌一起朗读文章，感受画家和 Robin 的不通语言风格，分享彼此最喜欢的句子。
Production		Compare different articles and find the difference in their text style. Summarize the feature of seasons with poems.	在阅读过程中，学生对文本的语言特征、语篇结构等进行对比。学生在对比中进行语言的内化和思维的锻炼； 学生在与文本进行深度交流的同时，进行诗歌的创编。
Progress	Self-check	Choose one character and write some sentences about winter.	学生选择一张图片进行一个季节的描述。

【专家评析】

本节英语阅读与写作课另辟新意，让学生在两个文本中进行结构和内容的对比，从而更好地探索文本的主旨“Seasons in different eyes ”。在整个教学过程中，教师通过各种图片和音乐，营造多姿多彩的四季。教师通过设计诗歌，将诗人、画家和 Robin 三个人物巧妙联系在一起，贯穿整个阅读和写作。且教师积极利用各种信息技术手段，展示四季的不同特点，让学生在文本的深度阅读和对比分析中，内化语言知识，锻炼思维能力。

在信息技术与学科融合方面，本节课主要有以下亮点。

第一，应用了 PPT 的音频插入功能，营造游戏闯关氛围。

第二，应用了 EV 录屏，结合教师的画外音，创造有关株洲四季变化的小视频。

第三，应用了思维导图，引导学生发散思维，助力写作。

阅读的本质是读者借助文本与作者进行非面对面的沟通和交流。学生在阅读的过程中会对作者的观点、语言特征、语篇结构等表达出一定的欣赏、质疑、赞同或反对等，这就是评价。这个层次的活动通常以小组讨论的形式进行。

微能力点	解读
技术支持的课堂导入	运用PPT中的图片和音频的插入功能，让学生在游戏中复习有关季节的知识。
技术支持的课堂讲授	利用PPT的音频、视频的插入功能和各种不同的下划线、圆圈，讲解教学重点和难点。
微课程设计与制作	利用喀秋莎录屏软件进行四季的微视频录制，让学生在观看视频的过程中复习之前学过的诗歌，再次内化语言知识。
技术支持的展示交流	投屏实时上传学生的作文，师生共同修改。

第四节

极简技术优化小学英语综合课教学

一、英语课程标准视角下的小学英语综合课

小学英语综合课在侧重培养学生听、说、读、写能力的同时，也注重培养学生综合运用语言的能力，并兼顾语言知识和文化知识的传授。

(一)语音课

语音是语言的基础，是语言的物质外壳，是口语的基本单位。《义务教育英语课程标准(2022 年版)》指出：语音教学应注重语义与语境、语调与语流相结合，要通过有意义的语言输入，引导学生在感知、理解语言的基础上，体会语音的表意功能，发现并归纳语音规则；应为学生提供大量听音、模仿和实践的机会，帮助学生形成语音意识。音标只作为 7～9 年级的学习内容。

根据课标要求，结合小学生的认知规律，笔者归纳了语音课教学的基本流程，如图 4-1 所示。

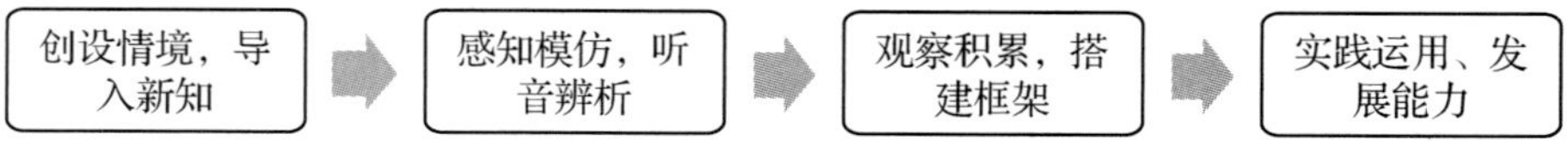

图 4-4-1　小学英语语音课教学基本流程

首先创设真实情境，导入新课，引导学生感知模仿，体会音、形、义的关联；其次观察积累，搭建读音规则的框架；最后实践运用，培养学生见词能读、听音能写的能力，促进学习发展。

(二)读写课

英语课程标准指出，学生要能借助图片读懂简单的故事或小短文，正确地使用大小写字母和常用的标点符号，能根据图片、词语或例句提示，写出简短的

语句。

在读写课中，阅读前可以创设情境，激发学生的阅读兴趣和写作动机。在阅读中，教师可以整合大量资源，开阔学生的人文视野，丰富阅读信息和写作内容。在阅读结束后，教师还可以梳理结构，帮助学生厘清文本特征并获得写作框架。

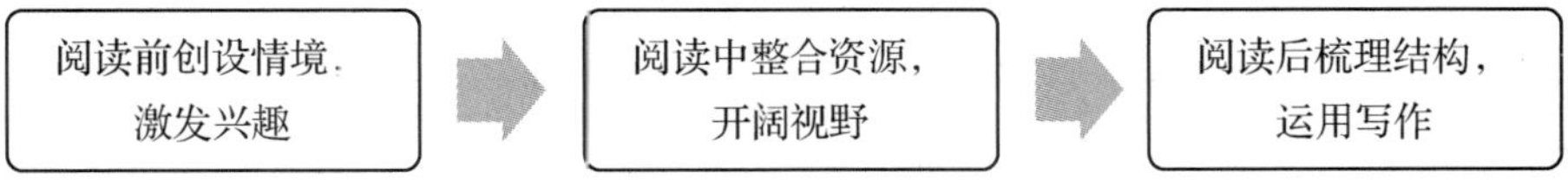

图 4-4-2　小学英语读写课教学基本流程

二、小学英语综合课型极简教育技术工具及资源

表 4-4-1、表 4-4-2、表 4-4-3、表 4-4-4 为大家提供了一些极简教育工具及资源。

(一)综合课极简交互工具

表 4-4-1　综合课极简交互工具

教学工具	使用建议及说明
问卷星	适用于课前学情分析的调研工具。
希沃白板 5	进行思维导图归纳、课堂游戏(趣味分类、超级分类、选词填空、知识配对、分组竞争)。
平板互动	如 Aischool、东师理想电子书包等，既含有资源，也能实时互动。
101 教育 PPT	可设置标签题、分类题、连连看、猜词游戏等。
希沃授课助手	拍照上传、课件展示。
一起作业	课后作业布置，收集学生的学习情况。

(二)综合课教学资源

表 4-4-2　综合课教学资源

教学资源	使用建议及说明
超星学习通	图书、视频等资源，并可课程投屏。
E 英语宝	教材配套资源，趣味配音和大量课外拓展学习资源等。

三、综合课型极简融合策略与思路

(一)语音课

表 4-4-3 语音课中信息技术的运用

教学环节	教学活动	信息技术的运用
创设情境,激活旧知,导入新知	创设学习情境,复习旧知识。呈现任务,导入新知识,激发学习兴趣。	筛选和整合资源,通过图片、文字、音频、视频等手段创设情境。通过希沃白板互动游戏功能,复习旧知识。通过诗歌、歌谣等激活已有知识,或呈现任务,导入新知识。
感知模仿,听音辨音,体会关联	呈现语音内容、图片和字形,感知单词的音、形、义。模仿发音,听音辨音,读单词。	整合资源,呈现学习的方式。
观察积累,搭建框架,归纳规则	利用韵律节奏,进一步感悟语音,提升语感。利用拼读规则,拆分单词,操练发音,拼读单词,强化拼读效果。利用观察感知模仿操练,总结归纳拼读规则。	利用希沃白板的克隆、蒙层、放大镜等功能,向学生展示单词的拆分、组合过程。利用自然拼读视频(BBC Alphablocks、丽声唱学自然拼读)或者其他视频资源感受语音知识,操练发音,巩固拼读规则。希沃白板 5 的互动游戏帮助学生操练发音,检验拼读效果。
实践运用,巩固新知,发展能力	拓展运用,回忆再认。阅读故事或绘本,巩固新知识,促进学习能力的发展。	整合资源,制作微课,帮助学生梳理和归纳拼读规则、语音知识或者扩充更多的单词,丰富学生语音学习的内容,扩充语音学习的广度。通过视频、音频、图片呈现故事或绘本(丽声拼读故事会、大猫自然拼读系列),让学生实践运用。

(二)读写课

表 4-4-4 读写课中信息技术的运用

教学环节	教学活动	信息技术的运用
阅读前,创设情境激发兴趣	问题导入,激活旧知。创设主题情境,激发阅读欲望。	围绕主题收集筛选各种资源,创设主题语境或问题情境。借助文本、图片、视频、微课等各种资源,巧设问题,激发学生的阅读欲望。
阅读中,阅读文本获得信息	问题驱动,呈现文本。运用阅读策略获得信息,完成阅读。	可以利用静态的文字、图片、音频呈现文本,或利用动态的动画、视频呈现文本。 紧紧围绕主题和教学目标,筛选整合资源,利用图片、文字、音频、视频、微课帮助学生获得信息,丰富阅读输入量和写作内容。

续表

教学环节	教学活动	信息技术的运用
阅读后，梳理结构用于写作	任务驱动，梳理语言支架和文本结构特点，完成写作任务。	利用微课帮助学生梳理语言支架和文本结构，让学生获得写作的框架。 利用图片、视频激发学生的写作动机和欲望。 利用希沃白板的计时功能，限时写作。 利用希沃授课助手或班级优化大师，在课堂内对学生的作品进行展示交流和订正。 通过班级空间和专业的学习平台，进行学习成果的展示，让交流和学习突破时空限制。 设计跨学科的任务活动，发展学生多元智能和综合能力。

总之，综合课一定要围绕主题和教学目标，运用信息技术手段有效进行学情分析，整合资源，丰富学生的语言输入量，让学生多一点直观的感受和体验。教师要积极制作微课，帮助学生总结和归纳知识要点，提高学习效率。

四、综合课课例赏析

【课例 1】

Module 9 Unit 2 I want to go to Shanghai

（作者：湖南长沙麓山国际实验小学 张鑫 廖米佳 杨莹）

课题	Module 9 Unit 2 I want to go to Shanghai	课型	读写课
教学目标	1. 能听懂、会用句型。 I want to go to Shanghai. I think we should go to Shanghai. It's in the south of China. It's beautiful. There are lots of mountains. It's got a beautiful lake. 2. 能听懂、会读课文。 3. 能从四个维度描写一个旅游城市。 4. 能理解并运用句型表达个人旅行意愿。 I want to go to Shanghai. I think we should go to Shanghai. It's in the south of China. It's beautiful. There are lots of mountains. It's a beautiful lake. 5. 能从四个方面谈论并描写旅游城市。 6. 培养小组合作学习能力。 7. 培养收集信息、处理信息的能力。 8. 发展概括、归纳的思维品质。 9. 了解中国著名旅游城市，增强祖国意识。 10. 谈论旅行话题，开阔视野。		

续表

教学步骤	教师活动	学生活动	设计意图与极简技术融合点
Step 1 Preparation	1. Greetings. 2. Play the crossword game. 3. Free talk： T：Where do you want to go? 教师在 feedback 中逐步引导学生从"location""weather""places to visit""things to do"这几个方面去描述城市。	1. Greet the teacher. 2. Play the game. （学生齐答或举手答） S：I want to go to ________.	通过课堂问候和课前预热交流，激发学生已有语言知识。 通过"location""food""impression""scenic spots"四个方面猜测教师的家乡，从而自然引出本节课的主题"Travel"。同时将重点内容前置，让学生整体感知如何描述一座城市。
Step 2 Presentation & Text learning	1. Listen and answer： Where do the Smarts want to go in China? 2. Listen to the story again and answer： Why do they want to go somewhere? T：Why does Sam want to go to Shanghai? Why is Shanghai a famous city ? Can you talk about some other famous city in China? Why? T：Why does Amy want to go to Guilin?	S：Listen and answer 再次观看课文动画，试图找到文中人物想去目的地的原因。 S：Because it's a big and famous city. Ss：I can visit …/ There is/ are … It's got… 学生讨论一些其他著名旅游城市。 S：Because there are lots of mountains and lakes.	培养学生理解听力大意的能力。 提出问题并解决问题，让学生初步了解并讨论文中所涉及的几个旅游城市。 突破重点词汇"famous"，引导学生谈论"为什么上海是著名的景点"。 引导学生思考并讨论我国其他一些著名旅游城市有哪些？为什么？

续表

	T: Why does Mr Smart want to go to Kunming? 3. Watch a video to get more information about Kunming. What did you hear from this video?（教师将学生的讨论以板书形式呈现）。	S: It's got a beautiful lake. Watch a video about Kunming. Students talk about what they heard from this video.	微课视频拓展教学资源，初步感知如何概括介绍某个旅游城市。
Step 3 Practice	1. Ask students to brainstorm some other beautiful places. And use Beijing city as an example. （以板书形式呈现学生的讨论）。 2. Teacher helps students to try to summarize four main aspects of describing a city. 引出句型：I think we should go to...	Students talk about Beijing. Students find out four main aspects of talking about a place: Location, Weather, Places to visit, Things to do.	教师通过呈现学生有关昆明和北京的讨论，引导学生自主发现谈论某个城市的主要维度。 归纳学习为下面的拓展输出环节做铺垫。
Step 4 Production	Pair-work: talk about Changsha. 2. Group work. T: There are many places to go in China, let's enjoy a short video and talk about where do you want to go?	Students work in pairs to talk about their hometown in four aspects. Watch a video. （带着问题观看微视频）	结合归纳的有关城市的四个方面，引导学生概括介绍自己的家乡。 通过微视频介绍，对学生进行情感熏陶，引导学生热爱祖国大好河山。 学生根据个人喜好，讨论他们的旅游目的地。

续表

<table>
<tr><td></td><td>1. Teacher shows students an example.（通过课件进行展示）

2. Writing task.

3. Presentation.

4. Summary.</td><td>Students discuss in groups.
（六人一组，每个组员都有一份旅行手册，学生先阅读旅行手册，收集信息。再确定目的地，进行讨论。
小组共同完成一篇小短文来介绍这个城市。教师选 1～2 组学生进行展示）</td><td>教师以语篇为载体，引导学生从四个维度讨论和描写一个旅游目的地，投屏共享学习成果。</td></tr>
<tr><td>Step 5
Homework</td><td colspan="3">Search more information on the Internet，books，journals or magazine about the city you like.
Finish the pamphlet and introduce a city you like to your friends or family.</td></tr>
<tr><td>板书设计</td><td colspan="3">Module 9 Unit 2 I want to go to Shanghai.
<table>
<tr><th>city</th><th>location</th><th>weather</th><th>Places to visit</th><th>Things to do</th></tr>
<tr><td>I think we should go to…</td><td>It's in the…of…</td><td>It's…</td><td>It's got…/
There is/are…</td><td>We/I can…</td></tr>
<tr><td>Kunming</td><td>South</td><td>warm</td><td>Dianchi Lake
The Stone Forest</td><td>eat flower cake/
rice noodles/buy…</td></tr>
<tr><td>Beijing</td><td>North</td><td>cold in winter
hot in summer</td><td>Tian'anmen Square
Summer Palace</td><td>visit…/take…/
eat…</td></tr>
<tr><td>Changsha</td><td>South</td><td>hot in summer
raining in spring</td><td>Orange Island
Yuelu Mountain</td><td>eat…/buy…/
see…/take…</td></tr>
</table></td></tr>
</table>

【专家评析】

《义务教育英语课程标准(2022 年版)》指出：积极开发与合理利用课程资源是有效实施英语课程的重要保证。英语课程资源包括教材及有利于学生学习和教师教学的其他教学材料、支持系统和教学环境，如音像资料、直观教具和实物、多媒体软件、广播影视节目、数字学习资源、报刊，以及图书馆、学校教学设施和教学环境；还包括人的资源，如学生、教师和家长的生活经历、情感体验和知识结构等。这节课最大的特点就是教师能够立足文本内容，通过利用信息技术，整合教材内容和语言结构，整合课外资源，激活课堂教学。通过资源整合，不但拓展了学生学习英语的渠道，大大丰富了学生的语言输入，还拓宽了学生的人文视野。在 Preparation 环节，教师整合了家乡西安的特色资源，通过字谜游戏的方式导入主题 Travel。接着在 Presentation 环节，教师由课内延伸至课外，将文本内容和语言结构与课外内容和所学语言结构进行整合，制作了介绍旅游城市昆明的微课，让学生深度了解这个城市，为之后的语言输出做铺垫。最值得赞扬的就是在 Production 环节，教师通过自己制作的网页美篇和旅游手册，图文并茂地向学生展示了很多中国的旅游城市，大大丰富了学生的语言输入，开阔了学生的人文视野，不但激发了学生写作的兴趣，也为学生的语言输出做了示范。

在信息技术与学科融合方面，本节课主要有以下亮点。

第一，通过资源整合制作视频、微课、网页美篇和旅游手册，把旅游主题知识以不同的形式呈现给学生，大大丰富了语言知识的输入，拓宽了学生的人文视野，让一节课变得丰富、有效。同时也很好地激发了学生写作的兴趣，为学生的语言输出进行了示范。

第二，希沃计时器和蒙层功能的应用，让课文的学习更具趣味性和挑战性。

第三，投屏实时上传小组合作学习单，直播小组合作的过程。

微能力点	解读
技术支持的学情分析	课前采用问卷星调查学生对旅游的认知。
技术支持的课堂讲授	通过希沃白板蒙层、计时器功能进行授课。
微课程设计与制作	利用极简教育技术工具制作微课。
技术支持的展示交流	通过投屏，实时上传学生作品，直播小组合作过程。

【课例 2】

动词时态—现在进行时

（作者：湖南长沙麓山国际实验小学 廖米佳）

<table>
<tr><td rowspan="2">课 题</td><td rowspan="2">动词时态-现在进行时</td><td>课型</td><td>语法综合课</td></tr>
<tr><td>课时</td><td>1</td></tr>
<tr><td>教学目标</td><td colspan="3">1. 了解现在进行时的概念和基本结构。
2. 熟知现在分词的变化形式。
3. 了解现在进行时陈述句中的肯定和否定形式。
4. 运用现在进行时描述正在发生的动作和事情。</td></tr>
</table>

续表

教学重点	1. 了解现在进行时的基本结构 2. 熟知现在分词的变化形式 3. 运用现在进行时描述正在发生的动作和事情		
教学难点	1. 了解现在分词的变化形式 2. 运用现在进行时描述正在发生的动作和事情		
教学准备	PPT、微课		
教学过程	教师活动	学生活动	设计意图与极简技术融合点
Step 1 Preparation	1. Greeting. How are you? 2. What are we doing? We are having an English class. 3. Look and say. Look. I am waving my hand. (Hello) Now I am smiling. 4. Ask and answer. Now I am speaking. Listen. I am speaking English. What are you doing? Yes. You are listening. Look. I am standing. I am standing in the classroom. How about you? Are you standing in the classroom? No. You are sitting in the classroom.	Greet with the teacher. Answer the question. Look and say with the teacher. Answer the questions.	上课问候。通过师生之间的相互交流，让学生在实际生活情境中感知现在进行时的意义。 通过希沃蒙层猜测、谈论图片，让学生感知 be 动词随主语人称的变

续表

	5. Look and guess. Show some pictures. He is singing. She is dancing. It is running. They are swimming. 6. Read the sentences. I am waving my hand. I am smiling. I am speaking. You are listening. I am standing. You are sitting. He is singing. She is dancing. It is running. They are swimming.	Talk about the pictures. Read the sentences together.	化而变化，并出示现在分词的不同形式，为之后的学习进行铺垫。
Step 2 Presentation	1. Find something the same in these sentences. 2. Show the conception and the basic structure of the present continuous tense. 3. Learn about the negative forms of the present continuous tense. 4. Show the rules of the present participle. 5. Watch a Micro-lesson: The Present Continuous Tense.	Think and find. （让学生自主发现这些句子中相同的地方） Know the conception and structure. Do some exercises. Know the negative forms. Know the rules of the present participle. 学生总结现在分词的变化规则。 Watch the video.	让学生自主总结现在进行时的一些规则变化。 通过学生的自主发现和总结、教师的讲授和适量的练习，突破本节课的教学重点和难点。 通过观看现在进行时的微课，对知识点进行总结和梳理。

续表

Step 3 Practice	1. Exercise.	Do the exercises.	通过希沃游戏和练习，突破教学重点和难点。
	2. Describe some pictures.	Talk about the pictures.	通过描述家庭成员正在进行的活动，加深学生对现在进行时在实际语境中表意功能的理解。
	3. Think and say. What are your family members doing now?	Think and practice.	
Step 4 Production	1. What are we doing at home?	Look and say.	先让学生描述家人的生活，再通过图片、视频让学生了解还有很多的逆行者如医生、军人、志愿者和普通民众正在抢救病人，让学生充分理解现在进行时的表意功能，同时激发学生团结一心、众志成城、抗击疫情的爱国热情。
	2. What are some Chinese people doing in Wuhan? Are they staying at home? Are they watching TV with their families at home? ... They are working. They are fighting.	Look and say.	
	3. Show a video. Chinese people are fighting together now.	Watch a video. Say together.	最后通进行小组合作，让学生制作"抗击疫情"的宣传海报。并让学生围绕主题写下中国人民正在为抗击疫情所做的1～3件事情，促进学生进行语言的综合运用。
	4. Group work. Make a poster: We are fighting together. Draw, stick and write. What are Chinese people doing?	Make a poster.	

续表

板书设计	The Present Continuous Tense 现在进行时  I am speaking. You are listening. He is singing. She is dancing. It is running. They are swimming. They are helping the people. They are helping the ill. They are working. They are not sleeping. They are building the hospital. I am studying. We are fighting together.

【专家评析】

这是一节有趣不枯燥，有深度不肤浅的小学英语语法课。教师坚持在情境中复习，在活动中巩固，在运用中提高的原则，通过感知、复现、总结、梳理、练习、运用，让学生的语法知识得到巩固，学习能力得到提高。在 Preparation 环节，教师通过和学生之间的真实对话进行交流和猜测，然后结合图片，让学生感知现在进行时的意义。在 Presentation 环节，教师没有直接出示现在进行时的句子构成，而是让学生观察在 Preparation 环节说过的所有句子的特点，让学生自己总结句子结构。接着教师再呈现现在进行时态的相关知识，学生总结现在分词的构成规则。然后教师通过一个生动有趣的微课帮助学生梳理语法知识，让知识概念进一步清晰，使学生易于理解。在 Practice 环节，教师利用希沃白板中的互动游戏和练习功能，让学生积极参与，巩固所学知识。在 Production 环节，通过情境创设、任务驱动，制作抗疫宣传海报。让学生明白，抗疫英雄正在抗疫，我们正在认真学习，这都是全国人民在和疫情做斗争。浓浓的爱国情和我要努力学习将来为祖国做贡献的激情交织在一起，让这节课意义非凡。

在信息技术与学科融合方面，本节课主要有以下亮点。

第一，通过微课帮助学生梳理现在进行时态的概念、结构和现在分词的变化规则，让知识点得到进一步的总结和强化。用短小精炼的微课讲解枯燥的语法知识，让学习不再枯燥。

第二，希沃蒙层、橡皮擦、互动游戏和计时器功能的应用，让语法学习更具趣味性和挑战性。

第三，投屏实时直播小组合作的过程。

第四，通过专业的学习平台如班级空间，进行学习成果的展示，让学习和交流能突破时空的限制。

微能力点	解读
技术支持的学情分析	课前采用问卷星调查学生对现在进行时的了解。

续表

微能力点	解读
技术支持的课堂讲授	利用希沃白板的蒙层、橡皮擦、游戏、计时器功能进行授课。
微课程设计与制作	利用极简教育技术工具制作微课。
技术支持的展示交流	投屏实时上传学生作品，直播小组合作过程。 班级空间展示学生成果，师生、生生进行互动交流。

【课例 3】

Free Time Period 2

（湖南长沙国防科大附小　李洁）

课题	Free Time	课型	读写课
		课时	1
教学目标	1. 通过听、说、读、写等形式，帮助学生复习以前所学话题的重点词汇和功能句，引导学生综合运用所学语言知识和技能进行交流。 2. 根据文本学习了解动词变第三人称单数的变化形式。 3. 初步了解一般现在时陈述句中的肯定以及一般现在时标志性的词语。 4. 会运用一般现在时描述正在发生的动作和事情。 5. 引导学生仿照阅读文段，按相应的提示或要求写几个意义连贯的句子。		
教学重点	1. 动词变第三人称单数的变化形式。 2. 运用一般现在时描述正在发生的动作和事情。		
教学难点	1. 动词变第三人称单数的变化形式。 2. 运用一般现在时描述正在发生的动作和事情。		
教学准备	PPT、微课		
教学过程	教师活动	学生活动	设计意图与极简技术融合点
Step 1 Preparation	1. Greetings. How are you? What's the date today? 2. Watch a video. Wan Haiyuan's weekend.	Greet with the teacher. Answer the question. Watch the video.	展示学生制作的微视频（在教师指导下，运用一键秀制作），通过视频，让学生感知一般现在时的正确表达与运用。

续表

	3. Show some pictures and ask students say the sentences: I do my homework. I ride a bike. I fly a kite. I climb a hill. I clean the room. I feed the fish. I watch TV. 4. Free talk: What do you do on the weekends? I often… on the weekends.	Look and say.	
Step 2 Presentation	1. Think and say. Looking back at these past six years. Do you know your teachers? Let's talk about me: Do you know me very well? Think and say about me: What is my English name? What is my hobby? What do I often do in my free time? What do I usually do on my weekends? So, we can say the sentences about Jocelyn: She is Jocelyn. She likes playing basketball. She often reads books in her free time. She usually does chores on weekends.	Think and say. Think and fill the blanks. My English name is ________. I like playing ________. I often ________ in my free time. I usually ________ on weekends. Say the sentences and find differences about these sentences.	通过学生的发现和对教师的了解，结合已学知识完成句子。此处运用希沃白板的形状以及蒙层功能让学生间接获取答案信息。 让学生自主发现这些句子与之前句子相同和不同的地方，并标出动词三单的不同形式，为后面的学习做铺垫。

续表

	2. Let's talk. Thinking about yourself: Try to answer the questions below: What's your favourite subject? Why? What are your hobbies? What do you often do on weekends? What chores can you do now? 反思：此处可以拓展更多的词汇，让学生们尽量多说，或者开展更多活动让学生们多说。	Say about oneself and do the exercise. Talk and show.	让学生从回答问题中体会一般现在时的表达以及动词的形式。
	3. Let's learn. Listen to the text. Pay attention green circles, and think about the questions below: What does Tina usually do on weekends? What chores does Tina do on weekends? What does Tina do for fun with her family on weekends? What is Tina going to do this weekend?	Look at the questions and try to say. Look at the text and find the answers in the text. (point out in the text)	通过对文本的学习以及根据文本回答问题，然后进行转述，即由第一人称转换到第三人称来表达，培养学生观察、总结和获得知识的技能。
	4. Let's read and find. Read and repeat the text: Find out the third person singular verbs and circle. loves goes has does helps thinks	Read the text and draw out the third person singular verbs.	首先让学生回顾什么是第三人称，然后引导学生关注第三人称后动词的变化。

续表

	5. Watch a video. Share a video about the present tense and the third person singular.	Look carefully and think.	通过观看一般现在时的微课以及动词第三人称单数的微课，对知识点进行总结和梳理。此处运用微视和来画动画 App 制作微课。
	6. Look and say. Show the pictures of the children's weekends. Ask students look and say: He ________ . She ________ . Joy ________ . My mother ________ . … e. g. He walks the dog	Look and say.	通过希沃的蒙层、形状功能让学生感知动词随主语人称的变化而变化。通过适量的练习，突破本节课的教学重点和难点。
Step 3 Practice	Practice: There are four tasks for students: 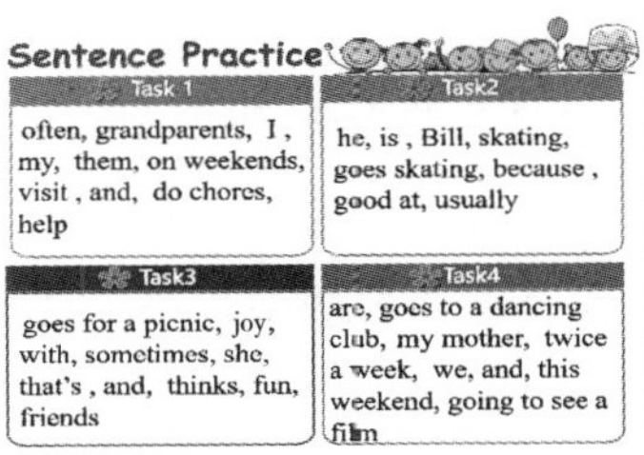	Do the exercises. Put the words into the correct order.	通过希沃的蒙层功能让学生随机抽取自己的任务，进一步强化一般现在时在实际语境中的应用和表意功能，进一步强化教学重点和难点。

续表

	Show the right answers: 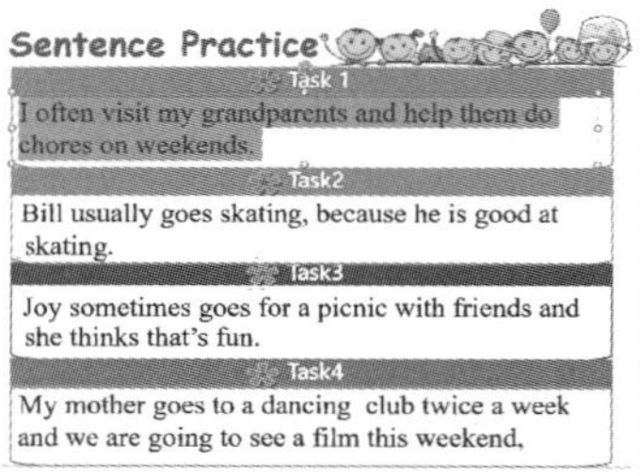 		
Step 4 Production	1. Group work. What do/does you/your mother/your father … do in your/her/his free time? Do/Does you/she/he do any chores on weekends? What are you going to do with your family this weekend? There is a word box for you. 2. Show Time	Think and say. Make a dialogue.	让学生在生动、具体的情境中感知和练习本课的重点和难点。 借助希沃白板的投屏功能，实时展示小组合作情况。
板书设计	Unit 4 Free Time Lesson 2 I often read books in my free time. She often helps her mother. He some times rides a bike. Tina usually goes to a dancing club.		

【专家评析】

这是一节教学目标清晰，动静结合并且非常生动的小学英语综合课。有听、说、读，写，有语法知识的学习，还有最后的口语输出，发展了学生的综合语言运用能力，培养了学生观察、记忆、思维、想象的能力。本节课渗透了综合性学习理念，将学习语言和使用语言紧密相连，在教学中清晰地看到教师对学法的指导。在Preparation环节，教师通过学生制作的视频，让学生感知一般现在时的表达与运用。在Presentation环节，教师没有直接出示一般现在时的句子，而是让学生通过对教师的描述，呈现教师的直接引语和学生的间接表达，让学生自主发现教师的句子和自己表达的句子的相同和不同之处，并标出动词第三人称单数的变化形式，为后面的学习做铺垫。通过对文本的学习以及根据文本回答问题，进行转述，即由第一人称转换到第三人称来表达，培养学生观察、总结和获得知识的技能。在 Practice 环节，教师利用希沃白板中的蒙层，对知识进行梳理和总结，再次突破重难点，并运用班级优化大师，让学生积极参与，使知识的掌握得到进一步巩固。在 Production 环节，让学生从实际生活出发，结合自己的生活经验，进行语言的输出以及运用。

在信息技术与学科融合方面，本节课主要有以下亮点。

第一，通过应用微课，帮助学生梳理一般现在时的概念、结构和动词第三人称单数的变化规则。用极简教育技术工具录制微课，以直观的方式讲解一般现在时，使学生更容易接受和理解。

第二，通过使用希沃的蒙层、形状、橡皮擦、课堂游戏的应用，让文本学习和语法学习更具趣味性。

第三，通过希沃白板的投屏功能，实时直播小组合作对话的过程。

第四，借助班级优化大师进行随机点名，真实反映学生的整体学习状况和掌握情况，让学生的学习得到及时反馈，家长也可以及时了解学生的学习进度。

微能力点	解读
技术支持的学情分析	课前让学生利用极简教育技术工具一键秀简单录制周末做的事情，了解学生掌握的短语以及对一般现在时的正确运用。
技术支持的课堂讲授	通过希沃白板的蒙层、橡皮擦、课堂游戏、形状的功能进行授课。
微课程设计与制作	利用微视、来画动画制作微课。
技术支持的展示交流	通过希沃白板的投屏功能，实时直播学生小组合作对话过程。 利用班级优化大师随机抽查学生回答问题，并进行评价，实时反馈课堂表现。

参考资料

教育大辞典编纂委员会．教育大辞典 第一卷．上海：上海教育出版社，1990.

顾明远．中国教育大百科全书 第一卷．上海：上海教育出版社，2012.

黎加厚，鲍贤清．现代极简教育技术．北京：北京师范大学出版社，2020.

胡小勇，冯智慧．在线教研实用指南．广州：广东教育出版社，2020.

教育部．义务教育英语课程标准(2022 年版)．北京：北京师范大学出版社，2022.

司峥鸣，郭丰．设计与传播的视觉传达研究．哈尔滨：哈尔滨工业大学出版社，2016.

后　记

行文至此，关于极简技术与小学英语教学的融合创新的编写已接近尾声，能以《现代极简教育技术》系列丛书的形式，呈现给广大热爱“极简教育技术”的读者和一线英语教师，我的内心感到既骄傲又荣幸，但有些忐忑。

骄傲的是，作为一名有着23年英语从教经验和10年英语教研员经历的工作者，我仍时刻保持孜孜不倦的研究精神和实践热情，专注于反思自己在教学和教研中发现的问题。2003年我成为教育部人民教育出版社新课程新教材专家团的一员，到全国各地传播英语新课程改革的理念和做法。十多年来足迹遍布全国20多个省份，为数十万人次的中小学英语教师做过英语新课程改革的培训，这是让我历练成长的十年，也是拼搏奋进的十年。在这十年里，我和教研室的同事一同经历了“活力课堂”的“一期课改”和“二期课改”，见证了“自主探究、小组合作、民主和谐、快乐有效”的课改成效，不仅得到了广大师生、家长和社会的认可，还得到了众多领导、专家的高度赞赏与鼓励，极大鼓舞了我们将极简教育技术推行下去的信心。

从2013年开始，我致力研究基于移动终端的“现代极简移动微课”，之后又增加了互联网公益直播，利用QQ群、沪江CCtalk群、中国大学慕课网、全国青椒计划、新教育网络教师学习中心(原名新教育实验网络师范学院)等，持续为全国各地的教师进行公益培训，为广大一线教师推送优化课堂教学的经验和方法。截至2021年6月，已培训教师近百万人次。让我倍感荣幸的是，2015年在黎加厚教授、焦建利教授、胡晓勇教授、王竹立教授的引领和点拨下，我找到了利用极简教育技术优化课堂教学，提高教学效率这个突破口，开始潜心钻研极简教育技术，助力优化小学英语课堂教学的极简融创之道。

时至今日，让我自豪的是拥有了一群志同道合的小伙伴，他们来自五湖四海，是与我有着相同“尺码”的“王子微课”工作室小伙伴！历时七年的研究，我和我的伙伴并肩作战，一起醉心研究如何借助极简教育技术优化课堂教学。我们在理论中实践，在实践中反思，在反思中碰撞交流，在交流中智慧成长。我也感恩能够连续四年在全国“青椒计划”以及新网师授课，与广大学员一起将极简教育技术与传统教学进行融合，也是这样的无数次实践证实了极简教育技术助力优化课堂教学的有效性和可行性。

为了更好地传播英语新课改理念，也为了让更多教师学会利用极简教育技术，从2020年12月开始，我决心将这样的研究和实践诉诸文字，编著《极简教育技术与小学英语教学》，把极简教育技术优化小学英语课堂教学，提高英语教学效率的一些思路和策略分享给大家。希望以此抛砖引玉，启发更多教师在这条极简融创之路上进行探索，为我们的日常教学工作赋能。执笔伊始，我又不禁担忧，忧的是人工智能、大数据的迅猛发展，各种信息技术日新月异，我刚写出一个个觉得新奇的、可以助力优化课堂教学的极简技术小妙招及融合应用方法，新的技术又出现了，让我总是觉得在介绍国内外英语教学的新发展上还远远不够新。

在今后的学习研究中，只要我们认真贯彻落实国家的教育方针，坚持以“课标为纲，学生为本、教材为主”，这就是接地气、扎实、有效的教育教学之道。王子微课工作室正是以“人人学极简，极简为人人”为宗旨，在人人易学、人人能学的极简教育技术的支持下，研究更加接地气，更加实用，且能服务于各学科教学的移动微课项目，从而进一步推动现代极简教育技术与课堂教学相融合，提高教学效率，为广大一线教师真正带来实惠和帮助。

本书在编写过程中得到了不少朋友的协助，感谢福建省“简创工作室”的吕新梅、苏海玲等老师、湖南省国防科技大学附属小学的易宇校长、李洁老师英语团队、湖南长沙麓山国际实验小学廖米佳老师团队的唐娜、廖慧芳、游敏、杨莹、袁超智、张鑫等老师，全国“新网师”优秀学员宋珮云、陈娥等老师、湖南省株洲市天元区凿石小学贺春林老师和益阳市郭雪春老师的大力支持。

王子微课程公众号

何其钢写于株洲

2023年1月